고영훈 교수의

인도네시아어 첫걸음

이 저서는 2006학년도 한국외국어대학교 교내학술연구비의 지원에 의하여 이루어진 것임.

고영훈 교수의

인도네시아어 첫걸음

HU:iNE

고영훈 교수의

인도네시아어 첫걸음

초 판 1쇄 발행 2006년 10월 31일
초 판 6쇄 발행 2013년 7월 15일
개 정 판 1쇄 발행 2015년 8월 25일
개정2판 1쇄 발행 2022년 2월 28일
지은이 고 영 훈
발행인 고 윤 성
발행처 한국외국어대학교 지식출판콘텐츠원
02450 서울특별시 동대문구 이문로 107
전화 02)2173-2493~7
팩스 02)2173-3363
홈페이지 http://press.hufs.ac.kr
전자우편 press@hufs.ac.kr
출판등록 제6-6호(1969. 4. 30)
디자인·편집 (주)지산컴퍼니 02)2272-1084
인쇄·제본 (주)케이랩 053-583-6885
ISBN 979-11-5901-887-9 [13790] 정가 23,000원
*잘못된 책은 교환하여 드립니다.

HU:iNE 은 한국외국어대학교 지식출판원의 어학도서, 사회과학도서, 지역학도서 Sub Brand이다. 한국외대의 영문명인 HUFS, 현명한 국제전문가 양성(International+Intelligent)의 의미를 담고 있으며, 휴인(携引)의 뜻인 '이끌다, 끌고 나가다'라는 의미처럼 출판계를 이끄는 리더로서, 혁신의 이미지를 담고 있다.

* 이 책의 음원(mp3)은 한국외국어대학교 지식출판원 홈페이지(press.hufs.ac.kr) - 게시판 - 자료실에서 다운받아 사용하시기 바랍니다.

서문

국내 대학에 인도네시아어과가 창립된 지 어언 60년이 되었습니다. 그동안 우리나라와 이 지역의 협력관계는 괄목할 만할 정도로 확대되었습니다. 특히 최근 정부의 신남방정책으로 대학에서 이 지역을 전공하려는 학생들의 관심도 높아지고 국내 유수 기업들의 이 지역에 대한 투자도 늘었습니다. 특정 지역을 연구나 투자의 대상으로 삼을 때 가장 기본적이고 중요한 문제 중의 하나는 현지 언어 구사능력입니다. 영어로 업무도 처리하고 일상적인 의사소통도 가능하겠지만 그것은 분명히 한계가 있습니다. 다시 말하면 이방인이라는 꼬리표를 감추기에는 역부족입니다. 현지 언어를 얼마나 잘 구사할 수 있느냐가 현지에 투자하는 기업의 목표를 달성하는 데 중요한 요소로 작용할 수 있습니다.

인도네시아어를 구사하는 사람들은 매우 많습니다. 그러나 그분들이 현지에 체류하면서 일상적인 의사소통의 단계를 넘어야 한다고 느낄 때가 많을 것입니다. 외국어를 학습할 때 일정 단계 이상으로 향상되지 않는 가장 큰 이유는 처음에 기초를 제대로 세우지 않았기 때문인 경우가 많습니다.

이 책은 인도네시아어의 기초과정을 학습하는 분들을 위해서 집필되었습니다. 어휘를 공부하고 기본 텍스트를 익히며 그에 필요한 문법 사항을 학습하도록 꾸몄습니다. 인도네시아어 학습자들이 놓치지 말아야 할 사항들을 이 책에서 다룰 수 있도록 노력하였습니다.

이 책은 2006년 1쇄를 출간한 후 2013년까지 6쇄를, 그리고 2015년에 개정판을 출간한 바 있습니다. 이번에 <고영훈 교수의 인도네시아어 첫걸음>으로 제목을 바꾸어 개정2판을 출간하게 되었습니다. 인도네시아 전공자는 물론이고 관광통역안내사 등 국가자격시험을 준비하는 분들에게 도움이 되기를 기대합니다.

끝으로 이 책을 꼼꼼히 검토하고 알차게 만들어주신 한국외대 지식출판콘텐츠원의 신선호 팀장님, 이근영 선생님께 감사드립니다.

2022. 2

고영훈 드림

고영훈 교수의 인도네시아어 첫걸음

Contents

고영훈 교수의
인도네시아어
첫걸음

Pelajaran

01

인도네시아어에 대하여 알아봅니다.

INDONESIA

인도네시아어의 발달

인도네시아 군도에는 500개 이상의 종족이 서로 다른 언어를 사용하며 살고 있다. 그러니까 엄밀하게 말하면 이들을 같은 종족이라고 할 수는 없다. 이 지역에서도 역시 여러 부족 국가들이 흥망성쇠를 거듭하면서 세력 범위를 수차례 재편하던 중 서구의 식민통치 세력이 도래하여 영향력을 끼치게 되었다. 1819년에는 싱가포르를 점령한 영국과 이를 반대하는 네덜란드 사이에 분쟁을 해결하기 위한 외교교섭이 진행되었고 이를 계기로 양국 식민지 전체에 대한 조정 작업이 시작되었는데 이 조정의 결과 영국과 네덜란드는 1824년 영화협약(英和協約)으로 동남아에서 그들의 세력 범위를 확정 지었다. 이때부터 영국의 세력 범위는 영국령 말레이로 되어 오늘날의 말레이시아로 되었고 네덜란드의 세력 범위는 네덜란드령 동인도로 되어 현재의 인도네시아 공화국으로 계승되었다.

인도네시아라는 민족국가를 형성하고 국가의 통합을 유지하는 데 있어서 중요한 요소가 되는 것 중의 하나는 그들의 국어인 인도네시아어이다. 1928년의 청년의 맹세(Sumpah Pemuda)에서 인도네시아인들은 당시에 이 지역에서 통용어(lingua franca) 역할을 하던 말레이어를 그들의 국어인 인도네시아어로 규정하였다. 당시 이 지역 통용어 역할을 하던 말레이어는 동남아 지역 진출의 교두보였던 말라카를 통하여 들어온 이슬람 선교사 등 외래인들이 사용하고 발전시켰다. 따라서 북부 자바 지역에서 사용된 이슬람 경전들이 자바어가 아닌 말레이어 번역본이거나 드막(Demak) 왕조의 첫 번째 이슬람 왕이 말레이어를 사용한 것은 자연스러운 일이다. 포르투갈인들도 말라카를 중심으로 한 지역에서 영향력을 넓히기 위하여 행정어로서 말레이어를 사용하였으며 네덜란드인과 영국인들도 마찬가지였다. 특히 이 지역에서 350년 동안 영향력을 행사했던 네덜란드 식민통치 정부는 말레이어를 <난잡한 말레이어>(brabbel Maleisch)로 비하한 적도 있지만 원활한 식민통치를 위하여 1942년 그들이 철수할 때까지 말레이어의 중요성을 강조하였다.

인도네시아군도 지역에서 통용어의 역할을 한 말레이어는 저급 말레이어(시장 말레이어 혹은 중국계 말레이어)였다. 이에 반하여 고급 말레이어는 말레이반도와 싱가포르는 영국에 의해서, 그리고 인도네시아 군도는 네덜란드에 의하여 학교에서 사용하는 표준 말레이어로 발전되었다. 이 과정에서 고급 말레이어는 주로 아랍어와 유럽어 그리고 비 말레이계 누산따라 지방어에서 단어를 차용하였고 통용어 역할을 한 말레이어는 언어 사용자의 필요에 따라서 모든 방언으로부터 단어를 차용하였다. 이와 같은 저급 말레이어의 차용 방식은 그 뒤 인도네시아어로 이어졌다.

한편 네덜란드 식민통치 정부는 고급 말레이어의 확산을 위하여 1908년 국민독서위원회(Commissie voor de Volkslectuur)를 설립하였다. 발레이 뿌스따까(Balai Pustaka)로 더 잘 알려진 이 위원회는 식민통치 당국이 운영하는 출판사로서 학교에서 교육하는 말레이어를 발전시키고 각종 교재 및 소설을 발간하는 역할을 하였다. 이 당시의 말레이어를 인도네시아어라고 말하기는 어렵다.

지난날에는 인도네시아군도 지역이나 네덜란드령 인디아에 관한 모든 것에 대하여 인도네시아라고 명명한 적이 있으며 이러한 현상은 문학과 언어학 분야에서도 마찬가지이다. 그러나 인도네시아 군도나 네덜란드령 인디아를 현재 우리의 인식 안에 있는 인도네시아와 동일시할 수 없다. 다시 말하면 서구의 학자들이 명명하는 인도네시아는 지금 우리가 인지하고 있는 인도네시아와 다를 수 있다는 말이다. 그것은 독립 후 이 지역에 도래한 정치-사회적인 변화가 새로운 차원의 인식을 요구하기 때문이다.

1910년과 1912년 사이에 벨터브렌덴에 <Indonesische Drukkerij>라는 출판사가 있었지만, 여기에 사용된 인도네시아라는 단어의 의미는 분명치 않은 지리적 혹은 민속적 의미로 국한할 수밖에 없다. 그러나 1913년에 수와르디(R. M. Soewardi Soerjaningrat)가 헤이그에 설립한 <Indonesische Persburau>나 1928년에 빨라르(L. N. Palar)가 네덜란드에 세운 <Persburaeu Indonesia> 안에는 이미 우리가 지금 인식하고 있는 인도네시아의 개념이 있다고 보아야 한다. 정치적인 의미에서는 1917년에 인도네시아군도에서 추방당한 찝또망운꾸수모, 수와르디, 그리고 두어스 데커가 네덜란드에서 <Indonesische VerbondvanStudeerenden>를 설립할 때 비로소 현대적 인도네시아의 개념이 등장한다. 그럼에도 불구하고 이보다 훨씬 이전에 이 지역에서 통용어 역할을 한 말레이어를 사용한 인쇄 매체를 통하여 인도네시아 군도에 상상의 공동체가 형성되었음은 부인할 수 없다.

20세기 초에 자바어나 순다어 및 다른 지방어(bahasa daerah)는 이 지역에서 매우 제한적으로 사용되었다. 하지만 말레이어는 언어 사용인구 수는 적지만 말라카와 말루쿠를 잇는 향료무역 상인들로 인하여 여러 지역에서 널리 통용되었다. 또한, 1908년부터 시작된 부디 우또모(Boedi Oetomo) 등의 조직을 통한 민족주의 운동이 확산하면서 인도네시아의 지식인들은 극히 일부 계층에서 사용되는 네덜란드어로 발행되는 언론매체를 통해서는 일반 국민과 밀접하게 교류하는 데 한계가 있음을 인식하였다. 따라서 이들은 여러 계층에서 사용되는 말레이어를 통하여 인도네시아의 통합을 이룰 수 있고 이러한 길이 식민통치 세력에 저항할 수 있는 발판이라는 데에 뜻을 같이하였다.

호프만(John Hoffman)은 말레이어가 15세기 중엽부터 암본 지역에서 말라카 상인들에 의하여 보급되기 시작하여 17세기 초에는 이 지역에서 널리 사용되었다고 하였다. 그리고 1620년부터 말레이어가 바타비아 지역에서 개혁종교 언어의 역할을 하였다고 주장하였다. 한편 18세기 초에 네덜란드의 동인도회사는 교역과 행정 분야에서 말레이어의 사용을 권장하였다. 언어학자들의 주장에 의하면 사실 이보다 훨씬 이전인 8세기경부터 말레이어가 이 지역사회에서 의사소통의 기능을 할 수 있었으며 이것이 이 지역 통합의 중요한 역할을 하였다.

누산따라(Nusantara) 지역이라고도 불렸던 말레이반도와 인도네시아군도 지역에는 일찍이 말레이어가 통용어(lingua franca)로 사용되었는데 민족의식이 싹트면서 말레이시아는 자연스럽게 말레이어를 국어로 채택하였고, 인도네시아는 당시 인도네시아 군도를 통틀어 언어사용 인구수에서 단연 우위를 차지하던 자바어 대신에 말레이어를 인도네시아어(Bahasa Indonesia)라는 이름으로 국어로 채택하였다. 인도네시아가 말레이어를 국어로 채택한 이유는 첫째, 자바어가 중부 자바와 동부 자바에서 제한적으로 사용된 반면에 말레이어는 말라카 상인들의 무역 활동으로 인하여 인도네시아 군도의 해안 전역에서 골고루 통용되었고, 둘째, 자바어는 경어법이 지나치게 복잡하여 자바 이외의 지역 사람들에게는 습득하기 어려웠으나 말레이어는 상대적으로 습득이 용이하였으며, 셋째, 언어에 카스트가 있다는 것은 결국 그 사회가 카스트가 있는 봉건사회라는 인식이 당대의 젊은 지식층으로 하여금 이 언어를 부정적으로 보게 하였기 때문이다. 따라서 말레이어와 인도네시아어는 남한과 북한에서 각각 쓰이는 한국어 혹은 미국 영어와 영국 영어 정도의 차이가 있다고 보면 된다. 현재 이 언어는 말레이시아와 인도네시아 외에도 싱가포르, 브루나이의 국어로 사용되고 있으며, 태국 남부 5개 현(縣), 필리핀 남부군도, 인도양의 크리스마스섬과 코코스 제도 등에서도 통용되어 사용인구 수가 3억 명이 넘는 세계 5위의 언어이다.

MASJID ISTIQLAL

인도네시아어의 특징

인도네시아어는 오스트로네시아어족(Austronesian family)에 속하는 언어이며 그 특성상 교착어(agglutinative language)이다. 교착어는 고립어(孤立語)와 굴절어(屈折語)의 중간적 성격을 지닌 것으로 어근(語根)에 접사(接辭)가 결합하여 문장 내에서의 각 단어의 기능을 나타내며, 또한 굴절어의 경우와는 달리 어간에서의 어형 교체가 전혀 일어나지 않는다. 따라서 인도네시아어는 음운체계 및 문법체계 단순하고, 시제, 성, 수, 격에 따른 굴절 현상(inflections)이 없으며 접사의 활용이 다양한 것이 특징이다.

인도네시아어의 자음과 모음

A	a	a	아	N	n	en	엔
B	b	be	베	O	o	o	오
C	c	tje	쩨	P	p	pe	뻬
D	d	de	데	Q	q	ki	끼
E	e	e	에	R	er	er	에르
F	f	ef	에프	S	s	es	에스
G	g	ge	게	T	t	te	떼
H	h	ha	하	U	u	u	우
I	i	i	이	V	v	fe	페
J	j	je	제	W	w	we	웨
K	k	ka	까	X	x	eks	엑스
L	l	el	엘	Y	y	ye	예
M	m	em	엠	Z	z	zet	젯

* 아랍 문자를 변형 차용한 Jawi 문자가 있으나 1901년에 로마자로 표기.
* 대개 철자법상의 음가를 그대로 가짐.

인도네시아어 발음

전술한 바와 같이 인도네시아어는 오스트로네시아어족(Austronesian family)에 속하는 말레이어의 변종으로서 현재 이 언어가 통용되는 지역은 인도네시아, 말레이시아, 싱가폴, 브루나이 및 태국 남부 지역 등으로 그 사용인구는 3억 명에 달한다. 말레이어는 아랍 문자를 응용한 자위 문자(Tulisan Jawi)로 쓰이다가 19세기 말부터 로마자로 표기되기 시작하였고 1901년부터 정식으로 로마자 표기가 일반화되었다. 인도네시아에서는 1947년부터는 수완디 철자법(ejaan Soewandi)을 사용하였고 1972년에는 말레이시아, 브루나이 등과 통일 철자법을 사용하여 오늘에 이르고 있다.

인도네시아는 로마자를 빌어서 음을 표시하기 때문에 사실 26자의 자음과 모음이 모두 필요한 것은 아니다. 음가에 대하여는 다음 장에서 자세히 살펴보겠지만 자음 q, v, x, z 등은 그다지 많이 사용되지 않는데, 예를 들어 자음 q의 음가 [k]는 자음 k로 표기하기 때문이다. 인도네시아 표준 문법에서는 이를 24개의 자음, 6개의 모음 및 3개의 이중모음으로 구분하고 있다.

1 단모음

인도네시아어에는 6개의 단모음이 있으며 발성 시 혀의 위치와 정도에 따라 고, 중, 저음 그리고 원순, 비원순 모음으로 분류된다. 그러나 인도네시아어를 처음 학습하는 경우에 이의 구별이 혼란을 가져올 수 있으므로 여기에서는 이들 모음의 대표적인 음가만을 설명한다.

(1) 모음 /a/

모음 /a/는 [a]의 음가를 갖는다.

ada 있다	ayam 닭
tiba 도착하다	saya 나

(2) 모음 /e/

모음 /e/는 [e]의 음가를 갖는다.

enak 맛있는	sore 오후
pendek 짧은	jahe 생강

(3) 모음 /ə/

모음 /ə/는 철자법상 <e>로 표기하며 우리말의 음소 /ㅓ/의 음가를 갖는다.

besar 큰	pergi 가다
bekerja 일하다	belakang 뒤

(4) 모음 /i/

모음 /i/는 [i]의 음가를 갖는다.

pindah 이사하다	gila 미친, 정신이 이상한
pahit 쓴	indah 아름다운

(5) 모음 /o/

모음 /o/는 [o]의 음가를 갖는다.

orang 사람	kosong 비어있는
cocok 일치하는, 잘 맞는	otak 두뇌, 지능

(6) 모음 /u/

모음 /u/는 [u]의 음가를 갖는다.

usang 낡은, 시든	bukit 언덕
puncak 정상, 꼭대기	duduk 앉다

2 이중모음

인도네시아어에는 /ai/, /au/, /oi/ 등 세 개의 이중모음이 있으며 철자로는 <ai>, <au>, <oi>로 표기한다.

pandai 영리한　　kedai 가게
pulau 섬　　kalau 만약
sepoi-sepoi (바람이) 상쾌한　　amboi 아하, 오호

이중모음은 동일음절로 구분되는 경우를 말하며 따라서 mau(원하다), daun(잎),main(놀다) 등은 각각 ma-u, da-un, ma-in으로 음절을 구분하므로 이중모음이라고 하지 않고 단순히 모음이 연속된 형태로서 모음의 연속(deretan vokal)이라고 한다. 인도네시아어에 발견되는 모음의 연속은 다음과 같다.

/iu/	bertiup	불다	/io/	biola	바이올린
/ia/	tiap	매(每)	/ei/	Mei	5월
/ea/	beasiswa	장학금	/eo/	feodal	봉건적인
/ae/	daerah	지역	/ai/	saingan	경쟁자
/au/	kaum	집단, 가문	/oa/	soal	문제
/ui/	kuil	절	/ua/	tua	늙은
/ue/	kue	과자	/uo/	kuota	할당액
/əi/	seikat	한 묶음	/əe/	seekor	한 마리
/əa/	seakan	흡사-처럼	/əu/	seutas	한 타래
/əo/	seorang	한 사람	/əə/	keenam	여섯 번째의

3 자음

인도네시아어의 자음은 24개로 기술하고 있으나 경우에 따라서는 약간의 차이가 있다. 이들 자음은 조음 위치, 조음 방식 및 조음 시 성대의 진동 여부에 따라서 양순음, 치경음, 구개음, 연구개음, 폐쇄음, 비음, 전동음, 유성자음, 무성자음 등으로 구분하나 여기에서는 세밀한 구분 대신에 간단하게 그 음가만을 소개한다.

유의해야 할 자음의 음가는 다음과 같은 것들이다.

(1) 자음 /c/

자음 /c/는 [tj]의 음가를 갖는다.

cari 찾다	baca 읽다
cara 방법	kacang 콩

(2) 자음 /k/, 자음 /p/, 자음 /t/

위 자음들은 각각 연구개 폐쇄음, 양순 폐쇄음, 치경 폐쇄음으로서 우리말의 [ㄲ], [ㅃ], 및 [ㄸ]과 같은 음가를 갖는다.

kawin 결혼	suka 좋아하다
pasar 시장	sepeda 자전거
tulis 쓰다	batu 돌

그 이외의 인도네시아어의 자음은 대부분 철자법상의 음가를 그대로 가진다.

(3) 자음 /b/는 [b]의 음가를 갖는다.

baca 읽다	tiba 도착하다

(4) 자음 /d/는 [d]의 음가를 갖는다.

kuda 말	adat 전통

음절의 끝에 위치하는 자음은 우리말의 받침소리처럼 발음한다.

cukup 충분한	milik 소유

(5) 자음 /f/는 [f]의 음가를 갖는다.

film 영화	faedah 유용한

외국 차용어의 형태나 음가를 살려주기 위하여 사용하는 자음.

(6) 자음 /g/는 [g]의 음가를 갖는다.

garam 소금	tiga 3(삼)

(7) 자음 /h/는 [h]의 음가를 갖는다.

hujan 비	sudah 이미 ~한

자음 /h/가 단어의 마지막에 위치할 때 발음에 유의한다.

(8) 자음 /j/는 [j]의 음가를 갖는다.

meja 책상	juri 심판

(9) 자음 /l/는 [l]의 음가를 갖는다.

kapal 배	selalu 항상

(10) 자음 /m/는 [m]의 음가를 갖는다.

malam 밤	nama 이름

(11) 자음 /n/는 [n]의 음가를 갖는다.

nasi 밥	ini 이것

(12) 자음 /q/는 [q]의 음가를 갖는다.

Al-Quran 코란 경전	

외국 차용어의 형태나 음가를 살려주기 위하여 사용하는 자음.

(13) 자음 /r/는 [r]의 음가를 갖는다.

bekerja 일하다	rajin 부지런한

자음 /l/과 자음 /r/의 음가의 차이점에 유의한다.

kali 시내, 샛강	qari 코란 낭송자

(14) 자음 /s/는 [s]의 음가를 갖는다.

pasar 시장	sawah 논

(15) 자음 /v/는 [f]의 음가를 갖는다.

universitas 대학	vakum 진공

(16) 자음 /z/는 [z]의 음가를 갖는다.

zaman 시대	zebra 얼룩말

4 반모음

인도네시아어에는 /w/, /y/ 등 2개의 반모음이 있으며 각각 [w], [y]의 음가를 가지며 자음과 이중모음의 역할도 한다.

awan 구름	warna 색상
sayang 애정	ya 예

인도네시아어 단어에 <ng>가 들어 있으면 이를 우선 [ŋ] 음가로 발음해야 한다. 예를 들어 tangan의 경우에 이를 [땅안]으로 발음하는 것이 옳으며 [딴간]으로는 발음하지 않는다는 말이다.

tangan 손	bangsa 민족
mangsa 희생물	sungai 강

약어나 이름자 등 오래전부터 습관적으로 사용해온 단어들은 그것을 살려서 옛날식으로 발음한다.

AC, WC, Padjadjaran, Soedarsono, Soekarno

말레이어와 인도네시아어의 발음 차이

suka	sukar	kotor	bekerja
bas/bus	teksi/taksi	Syed Husein	

연습문제

I. 다음 단어를 읽어보시오.

1. naungan
2. lima
3. boleh
4. Jakarta
5. malam
6. surat
7. bekerja
8. tutup
9. murid
10. warung
11. keadaan
12. doa
13. beasiswa
14. uang
15. bangsa

속담 한마디

Ada gula, ada semut.

설탕 있는 곳에 개미가 꾄다/먹을 것 있는 곳에 사람이 꼬인다.

문화 사랑방

악수한 다음에는 손을 가슴에

말레이시아나 인도네시아에서는 악수한 다음에 악수한 오른손을 자신의 가슴에 대는 것이 일반적이다. 이렇게 하는 것이 상대방을 존중한다고 여기기 때문이다. 외국인이므로 그렇게 하지 않아도 무방하겠지만 그러한 문화를 알고 행한다면 그들에게 좋은 인상을 줄 수 있을 것이다.

Pelajaran

02

기본문장 구조

INDONESIA

어휘공부 | 인도네시아어의 특징 및 문장 구조

apa	무엇(의문대명사)
ini	이것, 이 사람
itu	저것, 그것, 저 사람
buku	책
kursi	의자(ⓜ kerusi)
siapa	누구
polisi	경찰관(ⓜ polis)
dokter(dr.)	의사
doktor(Dr.)	박사(Ph.D)

텍스트

Apa ini?

Eti : Apa ini?

Sangwoo : Itu buku.

Eti : Itu apa?

Sangwoo : Ini kursi.

Eti : Siapa ini?

Sangwoo : Itu polisi.

Eti : Anda siapa?

Sangwoo : Saya dokter.

우리말로 옮기기

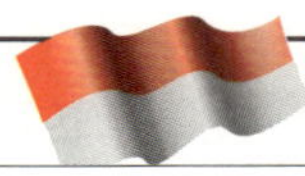

이것은 무엇입니까?

에 띠 : 이것은 무엇입니까?

상 우 : 그것은 책입니다.

에 띠 : 그것은 무엇입니까?

상 우 : 이것은 의자입니다.

에 띠 : 이 사람은 누구입니까?

상 우 : 그 사람은 경찰관입니다.

에 띠 : 당신은 누구입니까?

상 우 : 나는 의사입니다.

해 설 | 인도네시아어의 특징 및 문장 구조

1. 인도네시아어는 한국어와는 달리 동사 뒤에 목적어가 위치한다.

한국어 : 나는 바나나를 좋아한다.

인도네시아어 : Saya(나) + suka(좋아한다) + pisang(바나나).

한국어 : 나는 책을 삽니다.

인도네시아어 : Saya(나) + membeli(삽니다) + buku(책).

2. 인도네시아어는 주격, 목적격 등의 격조사를 사용하지 않는다.

한국어 : 나는 책을 읽는다.

인도네시아어 : Saya(나) + membaca(읽는다) + buku(책).

한국어 : 나는 도디를 부른다.

인도네시아어 : Saya(나) + memanggil(부르다) + Dodi(도디).

3. 소유격의 문장을 만들 때 명사 뒤에 인칭대명사를 붙인다. 그러니까 영어와 같은 인칭대명사의 형태가 변화하지 않는다는 말이다.

한국어 : 내 책

인도네시아어 : buku(책) + saya(내).

한국어 : 당신의 동생

인도네시아어 : adik(동생) + Anda(당신)

4. 인도네시아어의 특징 중의 하나는 주어의 성과 수에 따라 동사의 변화가 일어나지 않는다는 점이다. 그 대신에 접두사가 발달하여 있는 점이 특이하다. 같은 어근에 어떠한 접두사가 붙느냐에 따라 그 단어의 기능과 의미가 달라진다. 사전에서는

어근의 형태를 우선 찾아야 하므로 특정 단어의 어근을 찾는 일이 중요하다.

ajar : <교육, 지도>의 의미를 갖는 어근

mengajar : 가르치다

belajar : 공부하다, 배우다

pengajar : 교사, 선생

pelajar : 학생

pelajaran : 과(課), 과정, 연구

ajaran : 강의, 이론, 학설, 교리

terpelajar : 교육받은, 학식 있는

5 영어의 이른바 <be-동사>에 해당하는 단어가 <adalah>인데 통상 이를 생략한다. 처음에는 be-동사가 없으므로 완전한 문장이 아닌 듯한 인상이 있으나 차츰 익숙해진다.

Saya(나) + orang(사람) + Korea(한국). 나는 한국 사람입니다.

Saya(나) + Kim Sangwoo(김상우). 나는 김상우입니다.

Saya(나) + pegawai negeri(공무원). 나는 공무원입니다.

Beliau(그분) + guru(선생님). 그분은 선생님입니다.

6 동사가 연속하여 위치할 수 있다.

Saya malas pergi makan ke luar.
나는 식사하러 나가기 귀찮다.

pergi와 makan 사이에 영어의 to 부정사에 해당하는 단어가 오지 않는다.

연습문제

I. 다음 단어와 일치하는 그림을 고르시오.

1. masjid
2. rumah
3. stasiun kereta api
4. sekolah
5. toko sepeda
6. rumah makan
7. bengkel mobil
8. pabrik
9. gereja
10. warnet
11. pasar swalayan
12. kebun

속담 한마디

Ada bunga, ada lebah.

- 꽃 있는 곳에 벌 있다 / 미인 주변에 남자가 꼬인다 / 가진 것이 많으면 친구가 많다.

문화 사랑방

무엇인가를 가리킬 때는 엄지를 사용

일반적으로 무엇인가를 가리킬 때 검지를 사용하지만, 말레이시아나 인도네시아에서는 엄지손가락을 사용한다. 주먹을 쥔 상태에서 엄지를 펴서 위로 향하게 한 후 자연스럽게 가리키는 쪽을 향하게 하면 된다. 자리를 권한다거나 방향을 가리킬 때 한번 해보자.

Pelajaran

03

지시대명사, 지시형용사

INDONESIA

ini	이것
itu	저것, 그것
pulpen	볼펜
buku	책
negeri	나라, 국가
kuda	말
umur	나이
kado	선물
ulang tahun	생일(ⓜ hari jadi)
guru	선생님
bahasa	언어
nama	이름, 성명

텍스트

Itu kuda.

Edi : Itu apa, Ahmad?
Ahmad : Itu pulpen.
Edi : Apa ini?
Ahmad : Itu kuda.
Edi : Kuda ini umurnya berapa?
Ahmad : Kira-kira dua tahun.
Edi : Ini apa?
Ahmad : Itu kado ulang tahun, Edi.
Edi : Terima kasih. Siapakah dia, Ahmad?
Ahmad : Dia guru bahasa Indonesia. Namanya Pak Maman.

우리말로 옮기기

그것은 말입니다.

에 디 : 아흐맏, 저게 뭐지?
아흐맏 : 저것은 볼펜이야.
에 디 : 이것은 무엇이지?
아흐맏 : 그것은 말이야.
에 디 : 이 말은 몇 살이야?
아흐맏 : 두 살 정도 됐어.
에 디 : 이것은 무엇이야?
아흐맏 : 그것은 생일선물이야, 에디.
에 디 : 고마워. 저분은 누구지, 아흐맏?
아흐맏 : 저분은 인도네시아어 선생님이야. 이름은 마만 선생님이야.

해 설

1 지시대명사, 지시형용사

지시대명사에는 ini와 itu가 있다. ini는 <이것, 이 사람>, itu는 <저것, 저 사람>의 의미가 있다. 사물과 사람에 같이 사용할 수 있다. ini와 itu가 명사나 형용사 뒤에 위치하여 지시형용사로도 쓰인다.

Ini buku.
이것은 책이다.

Ini teman saya.
이 사람은 내 친구이다.

Wanita ini cantik.
이 여성은 아름답다.

Anjing galak itu bernama Kongi.
저 사나운 개 이름은 콩이다.

과거, 현재 등 시간을 나타내는 말에도 지시형용사가 쓰인다.

Waktu itu saya berada di Kuala Lumpur
그때 나는 쿠알라룸푸르에 있었다.

Baru-baru ini harga barang-barang naik.
최근에 물가가 올랐다.

2 중요한 사항을 문장의 앞에 둔다

인도네시아어에서는 중요한 사항, 즉 화자가 말하려는 핵심 내용을 먼저 말한다. 예를 들어 자신이 예쁘다는 말을 한 여성이 그 말을 제3자에게 전할 때, 인도네시아 사람 열이면 열 모두가 <Cantik katanya.>라고 하지 <Katanya cantik.>이라고 하는 경우는 드물다. 그녀가 말하고자 하는 핵심 내용이 <아름답다>(cantik)이기 때문이다.

Gemuk badannya.
그의 몸이 뚱뚱하다.

Ganteng pacarku.
내 애인은 잘생겼다.

Indah pemandangannya.
경치가 아름답다.

연습문제

I. 다음 문장을 인도네시아어로 옮기시오.

1. 저것은 무엇입니까?
2. 이것은 책입니다.
3. 이 사람은 누구입니까?
4. 저 사람은 나의 친구입니다.
5. 저 사람은 인도네시아어 선생님입니다.

속담 한마디

Ajar buaya berenang.

- 악어에게 수영을 가르치다 / 잘하는 사람은 가르칠 필요가 없다.

문화 사랑방

엘 뻬 게 혹은 엘피지

인도네시아 거리를 지나다 보면 단어 표기가 중구난방인 것을 발견할 수 있다. 제1과에서 설명한 것처럼 철자법을 읽는 방법이 영어와는 다르다. 따라서 에스 데(SD), 웨 세(WC), 까베(KB) 등으로 읽어야지 이것을 에스 디, 더블류 시, 케이 비 등으로 읽으면 혼선이 일어날 수 있다. 하지만 LPG를 엘 뻬 게로 읽지 않고 그냥 영어식으로 엘피지라 하고 이를 간판에 <elpiji>라고 쓰는데 앞뒤가 맞지 않는다는 생각을 할 수 있다. 언어는 그 사회의 약조이다. 따라서 외국인이 그 논리성을 따질 필요는 없다.

Pelajaran

04

인칭대명사

INDONESIA

어휘공부

ini	이것
Anda	당신
baik	좋은
biasa	일반적인, 보통의
duduk	앉다
kenalkan	소개하다
makan	식사하다, 음식물을 먹다
malam	저녁, 밤
masuk	들어가다, 진입하다
minum	마시다
pergi	가다, 외출하다
selamat	안전, 안녕
siang	낮
siapa	누구(의문대명사)
silakan	~하십시오(상대방에게 무엇을 권유하는 완곡한 말씨)
teh	차, 홍차
dia	그, 그녀(3인칭대명사)
dari	~로부터, ~에서

텍스트

Saya Dodi.

Dodi : Selamat siang. Saya Dodi. Siapa nama Anda?

Kim : Nama saya Kim Sangwoo.

Dodi : Silakan duduk!

Kim : Terima kasih.

Dodi : Anda mau minum apa?

Kim : Saya mau minum teh.

우리말로 옮기기

나는 도디입니다.

Dodi : 안녕하세요? 저는 도디입니다. 당신의 이름은 무엇입니까?

Kim : 저는 김상우입니다.

Dodi : 앉으세요!

Kim : 감사합니다.

Dodi : 무엇을 드시겠습니까?

Kim : 홍차를 주세요.

해 설

1 1인칭대명사(pronomina persona)

1인칭대명사에는 saya와 aku가 있다. 일반적으로 saya를 사용하며, aku는 동년배나 친한 관계 사이에 사용된다. 아이가 부모에게도 aku를 사용할 수 있다. Saya는 공식적인 자리나 거리감이 있을 때 사용한다. 외국인이 인도네시아인과 대화할 때 사용할 수 있는 1인칭대명사는 saya이다. 복수형은 kami와 kita가 있는데 kami는 상대방을 포함하지 않은 '우리'의 뜻으로 사용되고 kita는 상대방을 모두 포함하는 '우리'이다.

> *Kami* mau mengunjungi rumah Pak Udin.
> 우리는 우딘 선생님 댁을 방문하고자 합니다.
>
> Mari *kita* pergi makan, Pak. 선생님, 우리 식사하러 가시지요.

kami가 1인칭대명사 단수형으로 쓰일 때에는 겸양어로서 '저'의 의미이다.

> *Kami* mengucapkan terima kasih atas pertolongan Bapak.
> 선생님의 도움에 감사를 표합니다.

2인칭대명사로 '당신'에 해당하는 말은 Anda이다. 전술한바 상대방을 호칭하는 법은 중요하며 다양하다. 아이들이나 가까운 사람에게는 Engkau를 사용하고, 손아랫사람에게는 Kamu를 사용한다. 손윗사람에게는 남자의 경우에는 Bapak을, 여자의 경우에는 Ibu 혹은 Nyonya를 사용하고 미혼녀의 경우에는 Nona를 사용한다. 이외에도 형(오빠)은 Abang이나 Mas 혹은 Kakak(laki-laki), 누나(언니)에게는 Mbak, Kakak(perempuan)을 사용한다. 복수를 나타낼 때는 2인칭대명사 뒤에 semua나 sekalian 등을 쓰거나 bapak-bapak, ibu-ibu 등과 같이 단수 대명사를 중복시킨다. 통상 Anda나 Saudara, Kamu는 전자의 방법으로 복수를 표시한다.

> Selamat pagi, *saudara* sekalian. 여러분, 안녕하세요?
>
> *Ibu-ibu dan Bapak-bapak* yang saya hormati! 존경하는 신사 숙녀 여러분!

3인칭대명사에는 ia와 dia가 있는데 어느 한쪽이 남성(그)이나 여성(그녀)을 나타내는 것이 아니고 둘 다 남녀(그 혹은 그녀)를 나타내는 말로 쓰인다. 이의 존칭어는 beliau(그분)이며 3인칭의 복수형은 mereka이다.

Dia pergi ke pasar tadi pagi.
그녀는 오늘 아침에 시장에 갔다.

Ia akan pulang nanti malam.
그는 오늘 밤에 돌아올 것이다.

Beliau mengajar bahasa Indonesia di Korea.
그분은 한국에서 인도네시아어를 가르친다.

Mereka datang dari Bali.
그들은 발리에서 왔다.

2 말레이어의 'nak'

말레이시아 사람들이 가장 흔하게 쓰는 단어 중의 하나가 'nak'이라는 단어이다. 이 단어의 의미는 <바라다, 원하다, ~하려고 하다>의 의미이므로 인도네시아의 <mau, akan>에 해당하는 의미이다.

Saya nak ke sana.
나는 그곳에 가고 싶다.

Nak ke mana sekarang?
지금 어디 가십니까?

Saya nak makan nasi goreng.
나는 볶음밥을 먹고 싶습니다.

연습문제

I. 다음 문장을 인도네시아어로 옮기시오.

1. 나는 한국 사람입니다.
2. 당신은 경찰관입니다.
3. 우리는 학생입니다.
4. 그녀는 아름답습니다.
5. 그들은 뚱뚱합니다.

속담 한마디

Bagai bulan purnama.

- 보름달 같다/경국지색

문화 사랑방

금기 식품과 허용 식품

이슬람교도들이 돼지고기를 먹지 않는다는 사실은 이미 널리 알려져 있다. 돼지고기는 물론이고 돼지기름이 들어간 음식도 금기시한다. 정도의 차이는 있지만, 이슬람식으로 도살하지 않은 육류도 역시 금기시하는 것이 일반적이다. 이렇게 금기시하는 식품을 Makanan Haram, 허용하는 식품을 Makanan Halal이라고 하며 식품의 포장지에 반드시 표기하도록 규정하고 있다. 이슬람교도에게 금기 식품을 권하는 우를 범해서는 안 되겠다.

Pelajaran

05

일반의문문

INDONESIA

어휘공부

selamat pagi	아침 인사
apa kabar	안녕하세요(ⓜ apa khabar)
bagaimana	어떠한, 어떻게(ⓜ macam mana)
baik	좋은
seperti	~처럼
biasa	보통의
begitu	그런, 그러한
begini	이런, 이러한
silakan	~하세요(ⓜ sila)
duduk	앉다
terima kasih	고맙습니다
maaf	미안합니다
senang	반가운(ⓜ gembira, 말레이어에서 senang은 '쉬운, 용이한'의 의미로 통용됨)
bertemu	만나다
juga	역시
gembira	기쁜
berkenalan	알게 되다, 알고 지내다
betul	맞는, 옳은
Kedubes (Kedutaan Besar)	대사관
permisi	허락을 구하다, 실례합니다
dulu	우선, 먼저

텍스트

Apa kabar?

Eti : Selamat pagi, Siti. Apa kabar?

Siti : Baik. Anda bagaimana?

Eti : Baik juga.

Siti : O, begitu.

Eti : Silakan duduk.

Siti : Terima kasih.

Eti : Kenalkan, ini Pak Tomi dari Sukabumi.

Siti : Apa kabar, Pak Tomi?

Tomi : Baik. Maaf, siapa nama Anda?

Siti : Saya Siti dari Malaysia.

Tomi : Saya senang bertemu dengan Anda.

Siti : Saya juga gembira berkenalan dengan Anda.

Tomi : Apakah Anda dari Kuala Lumpur?

Siti : Ya, betul, Pak.

Tomi : Anda bekerja di mana?

Siti : Saya bekerja di Kedubes Malaysia

Tomi : Saya permisi dulu.

Siti : Sampai jumpa lagi.

Eti : Sampai jumpa.

우리말로 옮기기

안녕하세요?

에띠 : 좋은 아침입니다, 시띠 씨. 안녕하세요?

시띠 : 좋습니다. 당신은 어때요?.

에띠 : 저도 좋아요.

시띠 : 아, 그렇습니까?

에띠 : 앉으세요.

시띠 : 감사합니다.

에띠 : 소개하겠습니다. 이분은 수까부미에서 온 또미 씨입니다.

시띠 : 안녕하세요, 또미 씨?

또미 : 좋아요. 실례지만 이름이 어떻게 되십니까?

시띠 : 저는 시띠이고 말레이시아 사람입니다.

또미 : 뵙게 되어서 반갑습니다.

시띠 : 저 역시 선생님을 만나서 반가워요.

또미 : 당신은 쿠알라룸푸르에서 왔습니까?

시띠 : 예, 맞습니다.

또미 : 당신은 어디에서 일하십니까?

시띠 : 저는 말레이시아 대사관에서 일합니다.

또미 : 먼저 실례하겠습니다.

시띠 : 또 만나요.

에띠 : 네, 또 만나요.

해 설 | 일반의문문을 만드는 방법

1 문장 앞에 "Apakah"를 붙인다.

Apakah Anda orang Indonesia?
당신은 인도네시아 사람입니까?

Apakah dia mahasiswa?
그는 대학생입니까?

* 말레이어에서는 apakah 대신 adakah를 사용한다.

Adakah dia dari Kuala Lumpur?
그는 쿠알라룸푸르 출신입니까?

Adakah Encik Hashim datuk bandar K.L?
하심 씨가 쿠알라룸푸르 시장입니까?

2 문장의 끝에 -kah를 붙여준다.

Anda orang Koreakah?
당신은 한국 사람입니까?

Sudah makankah?
식사했습니까?

3 대화체의 문장에서는 문장의 끝을 올려주기만 해도 된다.

Mana dia?
그 사람 어디 있어?

Sudah mengerti?
이해가 갑니까?

4 인사말

'안녕하세요'라고 말할 때는 영어와 마찬가지로 시각에 따라서 다음과 같이 서로 다른 인사말을 사용해야 한다.

아침 인사 : Selamat pagi.(오전 11시경까지 사용)

낮 인사 : Selamat siang/tengah hari.(정오 무렵부터 오후 2시경까지 사용)

오후 인사 : Selamat sore/petang.(오후 2시부터 오후 6시경까지 사용)

밤 인사 : Selamat malam.(밤에 사용)

한 가지 주의할 점은 영어와는 달리 인도네시아어에서는 헤어질 때도 위의 인사말을 사용할 수 있다.

이에 비하여 Apa kabar?는 '어떠십니까?' 혹은 '어떻게 지내십니까'의 뜻을 가진 인사말로서 영어의 How are you?에 해당하는 말이다. 이 인사말은 시각과 관계없이 사용할 수 있다. 이와 같은 뜻으로 Bagaimana?, Bagaimana kabarnya?, Kabarnya bagaimana? 등을 사용할 수 있다. 상대방이 이렇게 말할 때 Baik(좋습니다), Biasa saja(그저 그렇습니다) 등으로 답한다.

연습문제

I. 다음 문장을 인도네시아어로 옮기시오.

1. 당신 아버지는 어떻게 지내십니까?

2. 당신 동생의 이름은 무엇입니까?

3. 당신은 어디에서 일합니까?

4. 그는 인도네시아 사람입니까?

5. 그녀는 아름답습니까?

II. 다음 답을 유도하는 의문문을 만들어 보시오.

1. Saya dokter.

2. Nama saya Kim Sangwoo.

3. Saya bekerja di Kedubes Indonesia.

4. Saya baik-baik saja.

5. Dia dari Malaysia.

III. 다음 빈칸에 적당한 단어를 채워 문장을 완성하시오.

예: Saya pergi ke bengkel mobil.

1. Saya bertemu Tono di ______ .

2. ______ dia seorang polisi?

3. Apakah Pak Tengsoe ______ sastra Indonesia di Prodi Indonesia?

4. Saya ______ bertemu dengan Anda.

5. Nabeela ______ di Pemda DKI Jakarta.

속담 한마디

Sedia payung sebelum hujan.

- 비 오기 전에 우산 준비한다/유비무환

문화 사랑방

거리의 악사(Pengamen)

인도네시아 사람들은 낭만적이고 낙천적이다. 여럿이 모이면 노래를 즐겨 부른다. 북부 수마트라에 위치한 또바 호수를 건너는 배에서 함께 노래를 부르는 모습이 떠오른다. 이들을 'pengamen'(뻥아멘)이라고 한다. 이 거리의 악사들은 기타를 들고 버스 안이나 남의 집 앞, 음식점 등을 돌며 노래를 들려준다. 사례를 하면 좋아하고 안 해도 그만이다.

Pelajaran

06

소유격의 표시

INDONESIA

어휘공부

mahasiswa	대학생
karyawan	직원
belajar	공부하다, 배우다
di sini	이곳에.
di sana	그곳에
di rumah	집에
di Korea	한국에
dari	~에서, ~로부터
tahun	해, 년, 살
umur	나이
datang	오다
bulan	달, 월
hari	날, 일
kuliah	(대학의) 강의(cf. 학원의 강좌는 kursus라고 한다)
teman	친구, 벗, 동료
teman dekat	가까운 친구

텍스트

Nama saya Kim San.

Nama saya Kim San. Sekarang saya ada di Jakarta. Saya datang dari Korea Selatan. Saya karyawan PT Manindah. Umur saya dua puluh delapan tahun. Saya mempunyai teman di Jakarta. Dia seorang laki-laki. Namanya Nurdin. Nurdin seorang mahasiswa. Dia kuliah di Fakultas Ilmu Pengetahuan Budaya Universitas Indonesia(FIBUI). FIBUI ada di Depok. Depok tidak jauh dari Jakarta.

우리말로 옮기기

내 이름은 김산입니다.

내 이름은 김산입니다. 나는 지금 자카르타에 있습니다. 나는 한국에서 왔습니다. 나는 마닌다 사의 직원입니다. 내 나이는 스물여덟 살입니다. 나는 자카르타에 친구가 있습니다. 그는 남자입니다. 그의 이름은 누르딘입니다. 누르딘은 대학생입니다. 그는 인도네시아대학교 문과대학에 다닙니다. 인도네시아대학교 문과대학은 데뽁에 있습니다. 데뽁은 자카르타에서 가깝습니다.

해 설

1 소유격의 표시

인도네시아어의 소유격은 간단하여 명사 뒤에 인칭대명사를 붙이면 된다. 한편, aku, engkau, kamu는 각각 -ku, -kau, -mu와 같은 축약형으로 사용될 수 있고 3인칭의 소유격으로 -nya를 사용할 수 있다.

buku saya	나의 책
paman Anda	당신의 아저씨
ayahnya	그의 아버지
ibumu	너의 어머니

인도네시아어에서 소유격을 확실하게 표시하고자 할 때 접미사 -nya를 사용할 수 있다. 예를 들어 <Ibu Eti pergi ke pasar>라는 문장이 있을 때 이 문장이 <에띠 부인이 시장에 간다>는 것인지 <에띠의 어머니가 시장에 간다>인지 분명치 않다. 이런 경우에 후자의 뜻으로 명확하게 하기 위하여 <Ibunya Eti pergi ke pasar>라고 표기할 수 있다.

2 국가명

Korea Selatan	대한민국	Jepang/Jepun	일본
Korea Utara	북한	Selandia Baru	뉴질랜드
Amerika Serikat	미국	Arab Saudi	사우디아라비아
Jerman	독일	Cina	중국
Prancis	프랑스	Mesir	이집트

3 "~에 있다" Ada+di

Sekarang + Saya + ada di + Jakarta.
나는 지금 자카르타에 있습니다.

Sekarang + Saya + ada di + Seoul.
나는 지금 서울에 있습니다.

Sekarang + Saya + ada di + Bali.
나는 지금 발리에 있습니다.

시간을 나타내는 부사가 앞이나 뒤에 위치할 수 있다.

Saya + ada di + Bali + sekarang.
나는 지금 발리에 있습니다.

Saya + ada di + Seoul + sekarang.
나는 지금 서울에 있습니다.

Sekarang + Saya + ada di + Jakarta.
나는 지금 자카르타에 있습니다.

4 "~에서 ~한다" 동사+di

Dia + kuliah + di + Universitas Indonesia.
그는 인도네시아대학에 다닙니다.

Dia + makan + di + restoran.
그는 식당에서 식사합니다.

Dia + tidur + di + rumah.
그는 집에서 잡니다.

Dia + belajar + di + perpustakaan.
그는 도서관에서 공부합니다.

Dia + duduk + di + kursi.
그는 의자에 앉았습니다.

Yuni + bekerja + di + Samsung.
유니는 삼성에서 일합니다.

Prof. Kim + mengajar + di + Wonkwang University.
김 교수는 원광대학교에서 가르칩니다.

연습문제

I. 다음 문장을 인도네시아어로 옮기시오.

1. 당신의 이름은 무엇입니까?

2. 내 책은 저기 있다.

3. 그의 동생은 서울에 있다.

4. 당신 누나의 나이는 몇 살입니까?

5. 내 친구는 발리에서 왔습니다.

속담 한마디

Kecil-kecil cabe rawit.

- 작아도 짜베 라윗이다/작은 고추가 맵다.

문화 사랑방

뚜깡 빠르끼르(Tukang Parkir)와 빡 오가(Pak Ogah)는 골목 교통경찰

인도네시아에서 운전을 해보면 여러 상황을 접하게 된다. 우선 주차장에서 운전자의 의사와 상관없이 주차를 안내해 주고 약간의 사례를 받는 주차보조원(Tukang Parkir)이 있고, 좁은 골목길의 교차로나 입구에서 교통을 정리하거나, 유턴하는 차가 원활하게 회전할 수 있도록 반대편 차선의 차를 정지시키기도 하는 빡 오가(Pak Ogah)가 있다. 물론 약간의 사례가 필요하다.

Pelajaran

07

부정부사 bukan과 tidak

INDONESIA

어휘공부

karyawan	직원
tinggal	살다
teman	친구(ⓜ kawan)
berasal dari	~ 출신이다
pengacara	변호사
jujur	정직한
tinggi	키가 큰
buah	과일
durian	두리안
sering	자주
bermain	(운동을) 하다, (악기를) 연주하다

텍스트

Saya bukan orang Cina.

Kenalkan, saya Kim Sangwoo. Saya berasal dari Korea Selatan. Saya bukan orang Cina. Saya karyawan PT Spotec. Saya tinggal di Jakarta. Ini teman saya Dodi. Dia berasal dari Surabaya. Umurnya 28 tahun. Dia seorang pengacara. Dodi baik dan jujur. Dia tidak merokok. Dia suka makan buah durian. Tetapi, saya tidak suka durian. Kami sering bermain tenis di Senayan.

우리말로 옮기기

나는 중국 사람이 아닙니다.

소개하겠습니다. 저는 김상우입니다. 저는 한국에서 왔습니다. 저는 중국 사람이 아닙니다. 저는 주식회사 스포텍의 직원입니다. 저는 자카르타에 삽니다. 이 사람은 제 친구 도디입니다. 그는 수라바야 출신입니다. 도디는 스물여덟 살입니다. 그는 변호사입니다. 도디는 좋은 사람이고 솔직합니다. 그는 담배를 안 피웁니다. 그는 두리안을 좋아합니다. 하지만 저는 두리안을 싫어합니다. 우리는 스나얀에서 자주 테니스를 칩니다.

해 설 | 부정부사 bukan과 tidak

1 부정부사 bukan은 명사를 부정하고, tidak은 형용사와 동사를 부정한다.

Kami *bukan* pegawai perusahaan itu.
우리는 그 회사 직원이 아닙니다.

Di dalam kelas Anda *tidak* boleh berbicara dengan teman.
당신은 교실 안에서 친구와 말하면 안 됩니다.

Anak itu *tidak* gemuk.
그 아이는 뚱뚱하지 않습니다.

Mereka *bukan* dokter.
그들은 의사가 아닙니다.

Laki-laki itu *bukan* suaminya. Ia kakaknya.
그 남자는 그녀의 남편이 아닙니다. 그녀의 오빠입니다.

Ibu *tidak* berbelanja, hanya berjalan-jalan saja.
어머니는 쇼핑을 하지 않고 단지 산보를 했을 뿐입니다.

Tono *bukan* mahasiswa Fakultas Ilmu Pengetahuan Budaya.
또노는 문과대학 학생이 아닙니다.

Orang itu *tidak* jujur.
그 사람은 정직하지 않습니다.

Perusahaan itu *tidak* mencari karyawan baru.
그 회사는 신입 사원을 뽑지 않습니다.

Saudara *tidak* boleh memfotokopi dokumen ini.
당신은 이 서류를 복사하면 안 됩니다.

2 부가 의문문을 만드는 bukan

부가의문문을 만들 때 문장의 끝에 bukan을 붙인다. bukan을 줄여 kan으로 쓸 수 있으며 그 위치도 문장의 앞이나 중간으로 들어갈 수 있다. 이때 문장의 뉘앙스가 다를 수 있다.

Anda orang Indonesia, *bukan*?
당신은 인도네시아 사람입니다, 그렇지 않습니까?

Dia cantik, *kan*?
그 여자는 예쁘지요?

Anda *kan* sudah makan siang?
당신은 점심 식사를 했잖아요.

Kan itu tidak benar?
그것이 옳은 것이 아니잖아요.

3 Sudah(이미 ~한)에 대한 부정은 belum(아직 ~하지 않은)이다.

Saya *belum* makan siang. 나는 아직 점심 전입니다.

Dia *belum* pernah ke Jakarta. 그는 자카르타에 아직 못 가보았습니다.

Dodi *belum* menikah. 도디는 아직 미혼입니다.

* belum과 tidak은 다음과 같은 차이가 있다.

Saya *belum* menikah.
나는 미혼입니다.

Saya *tidak* menikah.
나는 결혼 안 합니다(독신주의).

연습문제

I. 다음 빈칸에 적당한 부정부사를 넣으시오.

1. Hotel ini ________ besar.
2. Dia ________ orang Jepang.
3. Adik saya ________ tinggi.
4. Saya ________ kuliah di Fakultas Hukum.
5. Nova ________ pergi ke pasar.

속담 한마디

Kalau tak ada api, tentu tak ada asap.

- 불이 없으면 연기도 없다 / 아니 땐 굴뚝에 연기 나랴.

문화 사랑방

2인칭대명사 'Anda'의 유래

동등한 위치에서 '당신'을 칭하는 말로 말레이시아에서는 'Awak'이라는 단어를 사용하고 인도네시아에서는 'Anda'라는 단어를 사용한다. 이 'Anda'라는 단어는 1957년에 사비린(Sabirin)이라는 공군 장교가 당시 동급의 '당신'에 해당하는 적당한 단어가 없음을 안타까워하다가 서부 자바 지역에서 사용되던 'Anda'를 동급의 '당신'에 해당하는 단어로 사용하기를 주장하였다. 인도네시아의 석학 수딴 딱디르 알리샤바나도 이에 동조하였다. 지금은 말레이시아에서도 이 단어가 사용되고 있다.

Pelajaran

08

기수와 서수

INDONESIA

어휘공부

minyak	기름
goreng	튀기다, 볶다
nasi goreng	볶음밥
berapa	얼마
botol	병
sabun	비누
mandi	목욕하다
cuci	씻다, 빨래하다
pelangi	무지개
semua	모두, 모든
kembali	재차, 다시, 돌려주다

텍스트

Harganya berapa?

Pelayan toko : Selamat siang, Nyonya Hamid. Apa kabar?

Ny. Hamid : Baik-baik saja. Apakah ada minyak goreng?

Pelayan : Ada Nyonya. Berapa botol?

Ny. Hamid : Dua botol.

Pelayan : Botol besar atau botol kecil, Nyonya?

Ny. Hamid : Botol kecil saja.

Pelayan : Apa lagi, Nyonya?

Ny. Hamid : Sabun mandi dua buah, dan sabun cuci tiga buah.

Pelayan : Sabun mandi apa, Nyonya?

Ny. Hamid : Sabun mandi Pelangi. Berapa harga sebuah?

Pelayan : Kalau sabun mandi, tiga ribu per buah, dan sabun cucinya seribu.

Ny. Hamid : Kalau begitu, berapa rupiah semua ini?

Pelayan : Sebentar, Nyonya. Saya hitung dulu. Semuanya empat puluh delapan ribu, Nyonya.

Ny. Hamid : Baik. Ini uangnya, lima puluh ribu rupiah.

Pelayan : Kembali dua ribu, Nyonya. Terima kasih.

Ny. Hamid : Sama-sama.

우리말로 옮기기

얼마입니까?

점 원 : 안녕하세요, 하믿 부인. 어서 오세요?
하믿부인 : 좋습니다. 식용유 있습니까?
점 원 : 있습니다, 부인. 몇 병이나 드릴까요?
하맏부인 : 두 병만 주세요.
점 원 : 큰 병으로 드릴까요 아니면 작은 병으로 드릴까요, 부인?
하믿부인 : 작은 병으로 주세요.
점 원 : 더 필요하신 것 있습니까, 부인?
하믿부인 : 화장비누 2개와 세탁비누 3개 주세요.
점 원 : 화장비누는 무엇으로 드릴까요?
하믿부인 : 무지개표로 주세요. 한 개에 얼마입니까?
점 원 : 화장비누는 한 개에 3천 루피아이고, 세탁비누는 한 개에 천 루피아입니다.
하믿부인 : 그러면 전부 얼마입니까?
점 원 : 잠시만요, 부인. 계산해 볼게요. 모두 48,000 루피아입니다.
하믿부인 : 좋아요. 여기 5만 루피아 있습니다.
점 원 : 잔돈 2천 루피아입니다. 감사합니다.
하믿부인 : 예, 감사합니다.

해 설

1 상대방의 호칭을 사용하여 친근감 있는 대화체 문장 형성

Apa kabar?
안녕하십니까?

Apa kabar, *Pak*?
안녕하세요, 선생님?

Harganya berapa?
얼마입니까?

Harganya berapa, *Bu*?
얼마인가요, 부인?

2 ~해 주세요

문장 앞에 Tolong을 붙이면 완곡한 명령이 되어 <~해 주세요>의 의미로 통한다.

Sampaikan salam saya kepada Pak Habibie.
하비비 선생께 안부 전하시오.

Tolong sampaikan salam saya kepada Pak Habibie.
하비비 선생께 안부 좀 전해주세요.

3 수사

1) 기수

1 satu	11 sebelas
2 dua	12 dua belas
3 tiga	13 tiga belas
4 empat	14 empat belas
5 lima	15 lima belas
6 enam	16 enam belas
7 tujuh	17 tujuh belas
8 delapan	18 delapan belas
9 sembilan	19 sembilan belas
10 sepuluh	20 dua puluh
100 seratus	235 dua ratus tiga puluh lima
1.000 seribu	4.719 empat ribu tujuh ratus sembilan belas
10.000 sepuluh ribu	
100.000 seratus ribu	
1.000.000 satu juta	
10.000.000 sepuluh juta	
100.000.000 seratus juta	
1.000.000.000 satu miliar	
10.000.000.000 sepuluh miliar	
100.000.000.000 seratus miliar	
1.000.000.000.000 satu trilyun	

우선 기수 1에서 10까지 암기해야 한다. 11에서 19까지는 1에서 9까지에다 belas를 붙이면 된다. 10단위는 puluh, 100단위는 ratus, 1000단위는 ribu, 100만 단위는 juta, 10억 단위는 miliar, 1조 단위는 trilyun이므로 이를 숙지한 후, 여기에 10배수, 100배수를 하여 차상급 단위로 올라간다. 인도네시아에서는 수의 단위를 구분할 때 쉼표(,)와 마침표(.)를 우리와 달리 사용함도 잊어서는 안 된다. 단위가 많은 숫자를 읽을 때 이 마침표를 기준으로 세 자리(100의 자리) 숫자를 읽은 후 그 단위에 해당하는 기수를 읽으면 된다.

234.982.715
dua ratus tiga puluh empat juta
sembilan ratus delapan puluh dua ribu
tujuh ratus lima belas

* 말레이어에서는 delapan 대신 lapan, miliar 대신 bilion을 사용한다.

2) 서수

기수 앞에 (yang) ke를 붙이면 서수가 된다. 단 첫 번째는 yang kesatu가 아니고 pertama로 표시한다.

yang kedua 두 번째
yang kedelapan 여덟 번째

연습문제

I. 다음 숫자를 인도네시아어로 말해 보시오.

1. 4.210
2. 678.419.349
3. 2.983.376
4. 4.279.851
5. 997.675.245.210

속담 한마디

Air jernih ikannya banyak.

- 맑은 물에 고기 많다 / 비옥한 땅에 사람이 많이 산다.

문화 사랑방

말레이시아의 실명제

말레이시아는 총리 이하 모든 공무원들이 이름표를 패용한다. 이 이름표 패용이 별 의미가 없을 수도 있다. 하지만 공무원이 직무를 수행하면서 자신의 이름을 국민들에게 밝히는 사실은 책임행정은 물론이고 부패의 방지에도 큰 역할을 한다는 데 그 의미가 있다. 경찰공무원을 비롯한 전 공무원이 지위 고하를 막론하고 이름표를 찬 모습이 신선하다.

Pelajaran

09

수량사

INDONESIA

어휘공부

berbelanja	쇼핑하다, 물건을 사다
pasar swalayan	수퍼마켓
terlalu	너무 ~한
tawar-menawar	흥정하다
harga pas	정가
tas	가방
jarang	거의 ~하지 않다
kebetulan	우연히
melihat-lihat	구경하다

텍스트

Berbelanja

Di Indonesia orang bisa berbelanja di pasar tradisional atau di pasar swalayan. Orang yang tidak terlalu kaya lebih suka berbelanja di pasar tradisional karena di sana mereka selalu bisa tawar-menawar. Di pasar swalayan harganya pas, tidak bisa ditawar. Setiap hari Minggu Hamid dan istrinya, Tuti, pergi ke pasar untuk membeli makanan dan barang-barang lain, misalnya: sepatu, pakaian, dan tas. Mereka berdua jarang ke pasar swalayan. Tetapi karena hari ini adalah hari ulang tahun Tuti, mereka akan ke pasar swalayan yang namanya "Matahari". Hamid kebetulan sedang mempunyai banyak uang dan ingin membeli sepatu baru yang bagus untuk Tuti. Hamid jarang sekali ke toko Matahari itu, tetapi Tuti sering ke sana untuk melihat-lihat saja.

우리말로 옮기기

쇼핑하기

인도네시아 사람들은 시장이나 슈퍼마켓에서 장을 볼 수 있습니다. 부유하지 않은 사람들은 시장에서 장보기를 좋아하는데 그것은 시장에서는 항상 값을 흥정할 수 있기 때문입니다. 슈퍼마켓에서는 가격이 정찰제여서 깎을 수가 없습니다. 매주 일요일 하믿과 그의 부인 뚜띠는 식료품과 다른 물품을 사러 시장에 갑니다. 예를 들면 신발, 의복, 그리고 가방 등입니다. 그들 둘은 슈퍼마켓에는 거의 안 갑니다. 그러나 오늘은 뚜띠의 생일이기 때문에 그들은 마따하리라는 슈퍼마켓에 갈 예정입니다. 하믿은 마침 가진 돈이 많아서 뚜띠에게 좋은 새 신발을 사주려고 합니다. 하믿은 그 마따하리 슈퍼마켓에 거의 안 가지만 뚜띠는 자주 가서 구경합니다.

해 설 | 수량사

1 수량사란 사물을 세는 단위에 해당하는 말로써 우리가 연필 한 자루, 집 한 채, 맥주 두 병, 염소 세 마리, 편지 한 통 등을 말할 때 자루, 채, 병, 마리, 통을 이르는 말이다. 이 수량사를 정확히 말해 주는 것이 훌륭한 인도네시아어를 구사하는 관건 중의 하나임을 명심할 필요가 있다. 흔히 사용되는 수량사를 살펴보면 다음과 같다.

(1) 소형 물건, 책상, 의자, 집, 책, 과일 등 일반적인 사물에는 수량사 <buah>를 사용한다.

Di dalam kamarnya ada *sebuah* meja.
그의 방에는 책상 한 개가 있다.

Paman saya mempunyai *tiga buah* rumah.
우리 아저씨는 집이 세 채 있다.

Adik saya membeli lima *buah* buku di toko buku Gramedia.
내 동생은 그라메디아 서점에서 책 다섯 권을 샀다.

Ibu saya menjual sepuluh *buah* durian.
나의 어머니께서 두리안 열 개를 팔았다.

(2) 사람에게는 수량사 <orang>을 사용한다.

Dia ada dua *orang* anak laki-laki.
그는 아들이 두 명 있다.

Dua *orang* pelajar sedang bermain tenis di gelanggang tenis.
학생 두 명이 테니스장에서 테니스를 하고 있다.

(3) 동물을 셀 때는 <ekor>를 사용한다. ekor는 원래 '꼬리'라는 의미이다.

Lima *ekor* anjing sedang menggonggong.
개 다섯 마리가 짖고 있다.

Paman saya memandikan *seekor* kera.
우리 아저씨가 원숭이 한 마리를 목욕시킵니다.

(4) 연필, 담배 등 둥글고 긴 물체를 셀 때는 수량사 <batang>을 사용한다.

Kakek saya mempunyai *sebatang* tongkat.
우리 할아버지는 지팡이 한 자루를 가지고 있다.

Adik teman saya membeli enam *batang* pensil.
내 친구의 동생은 연필 여섯 자루를 샀다.

(5) 종이, 머리카락, 옷가지 등 가늘고 부드러운 물체에는 수량사 <helai>를 사용한다.

Saya memberi lima *helai* kertas kepadanya.
나는 종이 다섯 장을 그에게 주었다.

Kakaknya membeli dua *helai* sarung.
그의 형은 사룽 두 장을 샀다.

(6) 밭, 논 등의 넓고 평평한 땅을 셈할 때는 수량사 <bidang>을 사용한다.

Ayah saya mempunyai dua *bidang* tanah di Cipanas.
우리 아버지는 찌빠나스에 두 필지의 땅을 소유하고 있다.

(7) 눈, 귀 등 쌍을 이루고 있는 물건을 셀 때는 수량사 <belah>를 사용한다.

Kedua *belah* tangannya buntung.
그의 두 손이 잘려 나갔다.

(8) 편지나 무기를 셀 때는 수량사 <pucuk>를 사용한다.

Saya menerima *sepucuk* surat dari adik saya.
나는 동생으로부터 편지 한 통을 받았다.

연습문제

I. 다음 빈칸에 적당한 수량사를 넣으시오.

1. Di dalam kelas ada dua puluh ______ pelajar.

2. Paman saya mempunyai tiga ______ rumah.

3. Kakak saya membeli se ______ kemeja.

4. Saya menerima se ______ surat dari ayah.

5. Eti membeli empat ______ pensil.

속담 한마디

Cepat kaki ringan tangan.

- 발 빠르고 손이 가볍다/열심히 일하는 사람

문화 사랑방

머리 만지지 않기

우리를 남의 아이를 만나서 귀엽다고 머리를 쓰다듬어주는 경우가 있다. 말레이시아나 인도네시아에서는 머리를 신성한 부위로 여겨 만지지 않는 것이 일반적이다. 그들의 문화적인 관습에 따르는 것이 좋다. 따라서 말레이시아나 인도네시아 현지에서 무조건 아이들의 머리를 쓰다듬는 것은 삼가야 한다.

Pelajaran

10

의문사의 활용

INDONESIA

어휘공부

sepatu	신발(ⓜ kasut)
harga	값, 가격
kira-kira	대략
tergantung	~에 달린
mutu	질, 품질
ngomong-ngomong	그런데
tadi	아까
perpustakaan	도서관
menemukan	발견하다
atas	위 *atas nama~ : ~의 명의로
meja	상, 책상 *meja makan : 식탁 *meja tulis : 책상
mungkin	~할 가능성이 있는, 아마도
kalau	만약 ~라면
tolong	도와주다

텍스트

Anda di mana tadi?

Amin : Apa kabar, Kim?

Kim : Baik. Ke mana, Amin?

Amin : Ke Blok M. Saya mau beli sepatu.

Kim : Oh, begitu. Harganya kira-kira berapa?

Amin : Tergantung mutunya. Saya mau 50 ribuan.

Kim : Ngomong-ngomong Anda tadi di mana?

Amin : Tadi saya di perpustakaan. Saya menemukan buku ini di atas meja.

Kim : Buku siapa?

Amin : Saya kurang tahu.

Kim : Oh, ya mungkin itu buku teman saya.

Amin : Siapa namanya?

Kim : Andi Ismail.

Amin : Dia di mana sekarang?

Kim : Dia di perpustakaan sekarang.

Amin : Kalau begitu, tolong berikan kepadanya nanti.

우리말로 옮기기

아까 어디 있었어요?

아민 : 안녕, 김?

김 : 그래, 어디 가니, 아민?

아민 : 블록 엠에. 신발 하나 사려고.

김 : 아, 그래. 신발이 얼마나 하지?

아민 : 신발의 질에 달려 있지. 난 5만 루피아 정도의 신발 사려고.

김 : 그런데 아까는 어디 있었니?

아민 : 아까 도서관에 있었지. 나는 책상 위에서 이 책을 발견했어.

김 : 누구의 책일까?

아민 : 잘 모르겠어.

김 : 아, 내 친구의 책인 것 같은데.

아민 : 이름이 무엇이지?

김 : 안디 이스마일.

아민 : 그는 지금 어디 있지?

김 : 도서관에.

아민 : 그렇다면 이따가 그에게 좀 전해줘.

해 설 | 의문사를 사용한 문장

인도네시아어에서 흔히 사용되는 의문사는 apa(무엇, 무슨), siapa(누구), di mana(어디에), bagaimana(어떻게), mangapa(왜) 등이다. 인도네시아어의 의문사는 반드시 문장의 앞에 위치하는 것은 아니다.

1 Apa

<무엇>, <무슨>의 의미를 가지며, 문장의 앞이나 뒤에 위치할 수 있다. 즉 Itu apa?와 Apa itu?는 같은 문장이다.

> Itu *apa*, Ahmad? 그것이 무엇입니까, 아흐맛?
>
> Ini *apa*, Mira? 이것은 무엇입니까, 미라?

2 Siapa

<누구>의 의미를 가지며 문장에서의 격에 따라 형태가 변화하지 않는다. 즉, 저 사람은 누구입니까?(Siapa dia?)와 당신은 누구를 좋아합니까?(Anda suka siapa?) 의 두 문장에서 siapa의 격이 다르지만 형태는 동일하다.

> *Siapa* dia, Hendri? 저 사람은 누구입니까, 헨드리?
>
> Anda suka *siapa*? 당신은 누구를 좋아합니까?

3 Di mana

Mana가 전치사 di , ke, dari 등과 결합하여 장소를 묻는 의문사가 된다.

> Ayah kamu bekerja *di* mana? 너희 아빠는 어디에서 일하니?
>
> Anda *dari* mana? 당신은 어디에서 왔습니까?
>
> *Ke* mana sekarang, Pak? 선생님 어디 가십니까?

4 Kapan

<언제>의 의미를 가진다. 말레이어에서는 주로 <bila>를 사용한다.

Kapan sampai di Jakarta? 언제 자카르타에 도착했습니까?

Kapan mau makan siang? 점심 식사를 언제 합니까?

Bila nak ke Dewan Bandaraya Kuala Lumpur?
쿠알라룸푸르 시청에 언제 갑니까?

5 Bagaimana

<어떻게>의 의미를 가진다.

Bagaimana kabar ayah Anda?
당신 아버님 어떻게 지내십니까?

Bagaimana dapat nilai yang sebaik itu?
어떻게 그렇게 좋은 점수를 받을 수 있습니까?

6 Mengapa, Kenapa

<왜>의 의미를 갖는다.

Mengapa datang terlambat? 왜 늦었습니까?

Kenapa Susanto belum pulang juga? 수산또가 왜 아직 안 돌아오는 거지?

* Kenapa가 <뭐라고요?>라는 의미를 가질 때가 있다.

Korea pernah dijajah Jepang.
한국이 일본의 식민통치를 받은 적이 있습니다.

Kenapa, Pak?
뭐라고요, 선생님?

연습문제

I. 다음 문장을 답으로 하는 의문문을 만드시오.

1. Namanya Sugiharto.

2. Saya datang dari Seoul.

3. Ayah saya pulang besok.

4. Karena dia sakit perut.

5. Namanya becak.

속담 한마디

Besar kapal besar pula gelombangnya.

- 배가 크면 파장도 크다/지위가 높아질수록 방해물도 많다.

문화 사랑방

발리 사람들의 이름

말레이시아나 인도네시아 사람들의 이름자를 보면 대체적으로 그 사람이 출신지를 알 수 있다. 왜냐하면 각 종족이나 지방에서 특별하게 쓰는 이름이 있기 때문이다. 발리 사람들의 작명이 특별히 관심을 끄는데 이는 이름자에 성별과 몇 째 아이인지를 명시하기 때문이다. 발리는 힌두교 지역으로 카스트의 영향을 받고 있다. 우선 남성에는 I, 여성은 Ni를 이름자 앞에 쓰며 첫째 아이는 Gede, Wayan, Putu, 둘째 아이는 Made, Nengah, 셋째 아이는 Nyoman, 넷째 아이는 Ketut을 쓰고 자신 고유의 이름을 쓴다. 다섯째 아이부터는 다시 Gede, Wayan, Putu를 사용한다.

Pelajaran

11

명사의 성과 수

INDONESIA

어휘공부

senang	즐거운, 반가운(ⓜ gembira)
sekali	매우, 몹시
tinggal	살다, 거주하다
berkenalan	알게 되다, 알고 지내다
berkeluarga	가정을 갖다, 가족이 있다
anak	아이
laki-laki	남성, 남자
perempuan	여성, 여자
tergesa-gesa	급한, 바쁜
permisi	허가, 허락
sampai	-까지
lagi	다시, 또

텍스트

Saya punya seorang anak laki-laki.

Jaafar : Siapa nama Anda?

Park : Saya bernama Park Samsu. Saya dari Korea Selatan.

Jaafar : Saya senang sekali berkenalan dengan Anda. Saya Jaafar.

Park : Anda sudah berkeluarga?

Jaafar : Sudah. Bagaimana dengan Anda?

Park : Sudah juga. Anak saya dua. Seorang laki-laki dan seorang perempuan.

Jaafar : Saya tergesa-gesa. Permisi dulu.

Park : Sampai jumpa lagi.

우리말로 옮기기

나는 아들이 하나 있습니다.

자아파르 : 이름이 무엇입니까?

박 선 생 : 박삼수입니다. 한국에서 왔습니다.

자아파르 : 뵙게 되어서 매우 반갑습니다. 저는 자아파르입니다.

박 선 생 : 결혼하셨습니까?

자아파르 : 했습니다. 당신은요?

박 선 생 : 저도 했습니다. 아이가 둘이예요. 남매를 두었습니다.

자아파르 : 제가 바쁩니다. 이만 실례하겠습니다.

박 선 생 : 또 뵙겠습니다.

해설

1 남성과 여성의 표시

인도네시아어의 단어 자체에는 불어처럼 주어의 성과 수에 따라 동사의 변화가 일어나지 않는다. 단지 남성과 여성을 구분하고자 할 때 남성은 단어의 뒤에 laki-laki 혹은 lelaki를, 여성은 perempuan을 붙이면 된다. 동물의 경우에 수컷은 jantan 암컷은 betina를 붙인다.

adik laki-laki	남동생	adik perempuan	여동생
anak laki-laki	아들	anak perempuan	딸
ayam jantan	수탉	ayam betina	암탉

2 명사의 복수형

1. 단어를 중복하여 복수형을 표시한다.

buku-buku	책들	anak-anak	아이들
orang-orang	사람들		

2. 명사 앞에 수량사나 다수의 의미를 가진 형용사를 사용하여 복수형임을 나타낸다. 이때 명사는 단수형으로 표시한다.

dua *orang* pelajar	학생 두 명	tiga *ekor* anjing	개 세 마리
beberapa orang	몇몇 사람들	*banyak* mahasiswa	많은 학생들

* beberapa orang-orang이나 banyak mahasiswa-mahasiswa라고 하지 않는다.

3. 명사 앞에 para나 kaum을 붙이면 <~들>, <~계층>의 의미가 된다.

para hadirin yang saya hormati	존경하는 참석자 여러분
kaum wanita	여성층

3 <매우>의 의미를 가진 부사어

1. <sekali>는 항상 형용사나 부사의 뒤에서 수식한다.

Perempuan itu cantik *sekali*.
저 여인은 매우 아름답다.

Hari ini panas *sekali*.
오늘은 몹시 덥다.

2. <sangat>과 <amat>은 sekali와는 달리 주로 형용사나 부사의 앞에서 수식한다.

Kamar ini *sangat* luas.
이 방은 매우 넓다.

Saya tidak mampu membeli mobil itu, sebab harganya *amat* mahal.
나는 저 차를 살 수 없는데 그것은 가격이 매우 비싸기 때문이다.

* 말레이어에서는 주로 sangat을 쓰며, 형용사나 부사의 뒤에 올 수 있다.

Kereta itu mahal *sangat*.
저 자동차는 매우 비싸다.

Bangunan KLCC tinggi *sangat*.
Kuala Lumpur City Center 빌딩은 매우 높다.

4 영어차용어 tion, sion ⇒ ~si

permisi

imigrasi

narasi

televisi

cf. imigresen(ⓜ)
televisyen(ⓜ)

연습문제

I. 다음 문장을 인도네시아어로 옮겨보시오.

1. 나는 한국에서 왔습니다.

2. 나의 아이들은 JIS(자카르타 국제학교)에 다닙니다.

3. 나는 (주)미원에서 근무합니다.

4. 뵙게 되어서 매우 반갑습니다.

5. 먼저 실례하겠습니다.

II. 다음 단어를 배열하여 인도네시아 문장을 만드시오.

1. mau, rumahnya, mengunjungi, kami

2. pagi, dia, ke, pasar, tadi, pergi

3. mengucapkan, bapak, atas, kami, kasih, pertolongan, terima

4. datang, mereka, dari, Indonesia

5. sekali, perempuan, cantik, itu

속담 한마디

Tak mengenal pasang surut.

- 간만을 알지 못하다/주위 상황에 관계없이 자신의 일만 한다.

문화 사랑방

말레이시아의 작위 제도

말레이시아는 지역사회나 국가에 대한 공헌도에 따라 주 정부나 중앙정부로부터 훈장을 받고 이에 따라 작위를 수여한다. 특이한 점은 남편이 작위를 받으면 그 배우자도 그에 준하는 작위로 불린다는 점이다. 남편의 공헌에 그 배우자도 기여했다는 것을 인정하는 것이다. 가장 높은 작위는 Tun이며 그 부인은 Toh Puan, 그리고 Tan Sri, Dato'Sri, Dato'의 칭호가 있고 그 배우자는 각각 Puan Sri, Datin Sri, Datin으로 불려진다.

Pelajaran

12

접두사 me-의 비음화

INDONESIA

어휘공부

yaitu	즉(ⓜ iaitu)
begitu	그렇게, 매우
jauh	먼, 멀리 있는
dosen	교수, 강사(ⓜ pensyarah)
mengajar	가르치다
menyarap	아침 식사하다
susu	우유
potong	조각
roti	빵
kantor	사무실(ⓜ pejabat)
berangkat	출발하다
kadang-kadang	가끔
malas	~하기 싫은, 귀찮은, 게으른
PR (Pekerjaan Rumah)	숙제, 과제물(=tugas)
mengaso	쉬다, 휴식하다
tidur	자다

텍스트

Keluarga saya tinggal di Pondok Indah.

Keluarga saya, yaitu, ayah, ibu, Sanggu dan saya, tinggal di Pondok Indah, Jakarta Selatan. Ayah mempunyai kawan namanya Pak Ibnu. Rumah Pak Ibnu juga tidak begitu jauh dari rumah kami. Pak Ibnu seorang dosen di Fakultas Ilmu Pengetahuan Budaya, Universitas Indonesia. Dia mengajar sastra Indonesia di sana. "Keluarga kami semua bangun sebelum jam tujuh pagi. Setiap pagi kami sarapan segelas susu dan dua potong roti. Ayah pergi ke kantor pada jam delapan. Saya berangkat ke kampus bersama Pak Ibnu. Ibu saya selalu sibuk di rumah. Kadang-kadang saya malas mengerjakan PRnya. Ayah dan ibu mengaso pada waktu sore. Saya tidur pada jam sebelas malam.

우리말로 옮기기

우리 가족은 뽄독 인다에 삽니다.

우리 가족, 즉, 아버지, 어머니, 상구 그리고 나는 남부 자카르타의 뽄독 인다에 삽니다. 아버지는 입누라는 이름을 가진 친구분이 있습니다. 입누 선생님의 댁도 우리 집에서 그리 멀지 않습니다. 입누 선생님은 국립 인도네시아대학교 문과대학의 교수입니다. 그 분은 거기에서 인도네시아 문학을 강의합니다. 우리 가족은 일곱 시 이전에 일어납니다. 매일 아침 우리는 우유 한 잔과 빵 두 조각으로 아침 식사를 합니다. 아버지는 여덟 시에 출근합니다. 나는 입누 선생님과 함께 캠퍼스로 출발합니다. 나는 가끔 과제물을 하기가 싫습니다. 나의 어머니는 항상 바쁩니다. 아버지와 어머니는 저녁 때에는 쉽니다. 나는 밤 열한 시에 잠자리에 듭니다.

해 설 | 접두사 me-의 비음화

인도네시아어를 학습할 때 처음 부딪히는 어려움이 있다면 그것은 다양한 접사의 용법을 숙지해야 하는 것이다. 이 접두사 me-의 비음화 과정을 숙지하지 못하면 당장에 사전에서 단어를 찾을 수 없게 된다. 인도네시아어 사전에는 어근을 기준으로 단어를 배열하기 때문이다. 예를 들어 'menulis'(쓰다)라는 단어를 사전에서 찾을 때에는 'tulis'를 찾아야 한다.

접두사 me-는 어근의 첫 자가 무엇인가에 따라 mem-, men-, meng-, meny- 등을 접두시키는데 이를 접두사 me-의 비음화 과정이라 한다. 이것은 처음에는 복잡한 것처럼 보이지만 조금만 노력하면 쉽게 숙지할 수 있다.

1 어근의 첫 자가 b, p이면 접두사 mem-을 붙이고 이때 경음 p는 소실된다.

baca - membaca	읽다
bayar - membayar	지불하다
potong - memotong	자르다(mempotong이 아님)
pilih - memilih	고르다, 선택하다(mempilih가 아님)

2 어근의 첫 자가 c, d, j, t 이면 접두가 men-을 붙이고 이때 경음 t는 소실된다.

cari - mencari	찾다
curi - mencuri	훔치다
dorong - mendorong	밀다
desak - mendesak	재촉하다
jawab - menjawab	대답하다

jemput - menjemput	마중 나가다
tulis - menulis	쓰다(mentulis가 아님)
tolong - menolong	도와주다(mentolong이 아님)

3 어근의 첫 자가 모음, g, h, k일 경우 meng-를 붙이고, 이때 경음 k는 소실된다.

ajar - mengajar	가르치다
gali - menggali	파다
hantam - menghantam	치다, 때리다
kirim - mengirim	보내다, 송부하다

4 어근의 첫 자가 s일 경우 meny-를 붙이고, 이때 s는 비음 ny로 대치된다.

sapu - menyapu	비질하다, 쓸다
sokong - menyokong	지지하다, 편들다

5 위의 4가지 이외 어근의 첫 자가 l, m, n, r, w, y 등으로 시작될 경우 접두사 me-를 붙인다.

lamar - melamar	청혼하다, 신청하다
masak - memasak	요리하다
nilai - menilai	평가하다
rawat - merawat	돌보다, 시중들다
wakil - mewakili	대리하다, 대표하다
yakin - meyakini	확신하다

연습문제

I. 다음 단어의 어근을 말해보시오.

1. mengarang

2. membawa

3. memotong

4. menyapu

5. mencari

6. mengundang

7. menjawab

8. mendorong

9. menulis

10. menilai

속담 한마디

Emas berpeti, kerbau berkandang.

- 금은 금고에 물소는 우사에/재물을 안전한 장소에 잘 보관해야한다.

문화 사랑방

Indonesia = Indus + nesos

인도네시아라는 명칭이 그리이스어로 indus와 nesos의 합성어이다. 이는 인도의 섬이라는 의미이다. 네덜란드 식민통치 시대에 Hindia Belanda로 불린 것도 사실은 네덜란드령 인도라는 의미이다. 나라의 명칭으로는 부적당하는 생각이 들지만 식민통치를 경험한 나라의 서러움이다.

Pelajaran

13

동사의 시제

INDONESIA

어휘공부

tetap	여전히, 계속, 그대로
tidur	자다
badan	몸
panas	더운, 열이 나는(=demam)
memeriksa	진찰하다, 검사하다
	*pemeriksaan 조사, 검사/peperiksaan 시험ⓜ
dada	가슴
perut	배
mata	눈
tenggorokan	목
menulis	쓰다, 적다
resep	처방전
apotek	약국
	*apoteker 약사
obat	약(ⓜ ubat)
beristirahat	쉬다, 휴식을 취하다
ingin	원하다, 바라다
menjadi	~이 되다

텍스트

Pagi ini Bambang tidak bersekolah.

Pagi ini Bambang tidak bersekolah. Bambang tetap berada di tempat tidur karena badannya panas. Telinganya sakit dan warna bibirnya merah sekali. Ayah dan ibunya membawa Bambang ke rumah sakit. Dokter memeriksa dada, perut, mata, dan tenggorokan Bambang. Sesudah itu, dokter menulis resep. Bambang dan orang tuanya harus ke apotek untuk membeli obat. Bambang harus makan sebelum minum obat itu. Kata dokter, Bambang perlu beristirahat seminggu. Bambang ingin menjadi dokter juga. Untuk menjadi dokter, dia harus belajar selama enam tahun.

우리말로 옮기기

밤방은 오늘 아침에 학교에 안 갔어요.

오늘 아침에 밤방은 학교에 가지 않았습니다. 밤방은 열이 나서 침대에 그대로 누워 있었습니다. 귀가 아프고 입술이 몹시 빨개졌습니다. 아버지와 어머니는 그를 병원으로 데리고 갔습니다. 의사 선생님은 밤방의 가슴, 배, 눈, 그리고 목을 진찰했습니다. 그리고 처방전을 써 주었습니다. 밤방과 그의 부모님은 약을 사러 약국에 가야 합니다. 밤방은 약을 먹기 전에 식사를 해야 합니다. 의사 선생님은 밤방이 일주일간 휴식을 취해야 한다고 말했습니다. 밤방의 희망도 의사가 되는 것입니다. 의사가 되기 위해서 그는 6년을 공부해야 합니다.

해설 | 동사의 시제

인도네시아어에서는 시제에 따른 동사의 변화가 일어나지 않는다. 다만 동사의 앞에 조동사의 역할을 하는 단어나 시간을 나타내는 부사를 명기하여 시제를 표시할 수 있다.

1. 과거를 나타낼 때는 조동사의 역할을 하는 sudah나, telah를 동사 앞에 사용하거나 과거를 나타내는 부사를 쓴다.

Saya *sudah* makan. 식사했습니다.

Dia *telah* berangkat ke bandara. 그는 이미 공항으로 출발했다.

Saya bertemu dengan Yanto *kemarin*. 나는 어제 얀또를 만났습니다.

Tadi pagi saya mengirim surat kepada paman saya.
오늘 아침에 나는 삼촌에게 편지를 보냈다.

2. 미래를 나타낼 때는 조동사의 역할을 하는 akan을 동사 앞에 사용하거나 미래를 나타내는 부사를 쓴다.

Saya *akan* menikah tahun ini. 나는 올해 결혼할 것입니다.

Saya mau pergi ke Jakarta minggu *depan*.
나는 다음 주에 자카르타에 갑니다.

Dia pulang *besok*. 그는 내일 돌아온다.

3 현재진행형은 동사 앞에 sedang을 사용한다.

Ibu saya *sedang* pergi. 어머니는 외출 중입니다.

Ayah saya *sedang* mandi. 어버지는 목욕 중입니다.
* 대화체의 문장에서 lagi를 동사 앞에 붙이면 현재진행의 의미가 있다.

Ibnu ke mana? 입누 어디 갔니?

Dia *lagi* makan, Pak. 아직 식사 중입니다, 선생님.

연습문제

I. 다음 문장을 인도네시아어로 옮기시오.

1. 우리 선생님은 어제 자카르타로 떠났다.

2. 나는 내일 한국으로 돌아간다.

3. 에띠는 아까 점심 식사를 했다.

4. 도디와 나는 내일 영화를 보러 간다.

5. 상우는 3일 전에 공원에서 그녀를 만났다.

속담 한마디

Belum beranak sudah berbesan.

- 아이도 안 낳았는데 사돈 맺는다/김칫국부터 마신다.

문화 사랑방

도착비자

인도네시아에 입국하려는 우리나라 사람들은 입국사증(visa)을 받아야 한다. 입국 목적에 따라 입국 전에 비자를 받는 것이 원칙이며 미처 비자를 받지 못하였을 경우 공항에 도착하여 도착비자(visa on arrival)를 받고 입국할 수 있다. 현재는 한 달 유효기간의 도착 비자를 받을 수 있다. 다만 관광 목적으로 입국하는 한국인은 무비자로 입국할 수 있는데, 관광 목적 이외의 활동은 금지된다.

Pelajaran

14

형용사

INDONESIA

어휘공부

terletak di	~에 위치한
daerah	지역
mewah	호화스러운, 윤택한
kamar tamu	응접실
kamar kerja	서재, 작업실
dapur	부엌
bermacam-macam	여러 종류의
pusat pertokoan	쇼핑센터
pisang	바나나
jauh	먼, 멀리 떨어진

텍스트

Rumah kami besar.

Keluarga saya baru pindah ke rumah baru. Rumah itu terletak di daerah Pondok Indah. Daerah ini daerah mewah. Hanya orang-orang kaya saja tinggal di sini. Rumah kami besar dan banyak kamarnya, yaitu kamar-kamar tidur, kamar tamu, kamar kerja, dan dapur. Kami punya taman. Di sana ada bermacam-macam bunga, pohon papaya, pohon mangga, dan pohon pisang. Daerah rumah kami, Pondok Indah, tidak jauh dari daerah Blok M tempat pusat pertokoan, rumah makan, dan disko. Juga banyak orang asing tinggal di daerah ini.

우리말로 옮기기

우리 집은 큽니다.

우리 가족은 지금 막 새 집으로 이사했습니다. 집은 뽄독인다 지역에 위치해 있습니다. 이 지역은 호화주택 지역입니다. 부자들만 이 지역에서 살 수 있습니다. 우리 집은 크고 방이 많습니다. 즉, 침실들과 응접실, 서재 그리고 부엌이 있습니다. 우리 집에는 정원이 있는데 그 곳에는 여러 종류의 꽃과 빠빠야 나무, 망고나무 그리고 바나나 나무가 있습니다. 우리가 사는 지역 뽄독인다는 쇼핑센터와 레스토랑 그리고 디스코장이 밀집해 있는 블록엠 지역에서 멀지 않습니다. 이 지역에는 외국인들도 많이 살고 있습니다.

해 설

1 형용사

인도네시아어의 형용사를 학습하면서 형용사가 한정적이냐 서술적이냐를 따지는 것은 별로 중요하지 않다. 다만 형용사가 한정적인 용법으로 사용될 때 우리말이나 영어와는 달리 원칙적으로 명사 뒤에 위치하여 명사를 한정한다는 점을 숙지해야 한다.

wanita(여인) + cantik(아름다운) = 아름다운 여인

sepatu(신발) + baru(새) = 새 신발

Orang Indonesia suka makanan *pedas*.
인도네시아 사람들은 매운 음식을 좋아한다.

Cuaca musim dingin di Korea *dingin* sekali.
한국의 겨울 날씨는 매우 춥다.

Dia suka makan sayur *segar*.
그는 신선한 야채를 좋아한다.

* 수와 관련된 beberapa(몇몇의), banyak(많은), semua(모든), seluruh(전체의) 등의 형용사는 예외적으로 명사 앞에서 한정한다.

Beberapa anak bermain di lapangan sekolah.
몇몇 아이들이 학교 운동장에서 논다.

Semua orang tahu bahwa dia paling pandai dalam kelasnya.
그가 제일 똑똑하다는 것을 모든 사람들이 안다.

2 날짜 및 시각의 표시

1) 날짜, 달, 연도의 순으로 표시한다

tanggal 3 bulan Juli 2022(인도네시아) 2022년 7월 3일

3 haribulan Julai 2022(말레이시아) 2022년 7월 3일

* 인도네시아와 말레이시아에서 달을 표기하는 방법은 대개 같으나 다음의 경우만 상이하다.

3월 Maret/Mac

6월 Juni/Jun

7월 Juli/Julai

8월 Agustus/Ogos

12월 Desember/Disember

2) 시각표시

인도네시아어로 시각을 표시하는 법을 익히기에 앞서 우선 알아야 할 사항은 인도네시아 영토가 동서로 길게 펼쳐져 있는 관계로 인도네시아 내에서도 표준시를 지역별로 따로 정해주고 쓰며, 동단과 서단은 시차가 두 시간이나 난다는 사실이다. 시각을 표기하고 그 뒤에 WIB, WITA, WIT 등을 첨가하는 바 이는 각각 인도네시아 서부 표준시(Waktu Indonesia Barat), 인도네시아 중부 표준시(Waktu Indonesia Tengah), 인도네시아 동부 표준시(Waktu Indonesia Timur)를 의미한다. 인도네시아어에서는 시각은 pukul(혹은 jam), 분은 menit을 사용하여 표시한다.

2시 20분 pukul dua (lewat) dua puluh menit

5시 40분 pukul lima (lewat) empat puluh menit

* 이때 pukul dua menit dua puluh 혹은 pukul lima menit empat puluh라고 하지 않는 것에 주의한다.

4시 반 pukul setengah lima(setengah empat이 아님)

* 말레이시아에서는 empat setengah라고 표시함.

연습문제

I. 다음 문장을 인도네시아어로 옮기시오.

1. 우리 집은 크고 깨끗하다.

2. 나는 단 음식을 싫어한다.

3. 아버지는 어제 새 차를 샀다.

4. 내 친구는 매우 부지런하다.

5. 한국에는 아름다운 산이 많다.

속담 한마디

Asing orang lain pendapat.

- 사람마다 의견이 다르다/각양각색이다.

문화 사랑방

굴링(Guling)과 죽부인

우리나라에는 죽부인이라는 긴 베개가 있는데 이에 해당하는 것이 굴링(guling)이다. 인도네시아인들의 침대 셋팅에는 반드시 이 굴링이 포함된다. 이 굴링이 잠자리를 편하게 해주는 것은 사실이다. 이를 영어로는 Dutch wife라고 하는데 네덜란드 사람들이 독신으로 인도네시아에 와서 부인 대신에 옆에 두고 잤기 때문이 아닐까.

Pelajaran

15

형용사의 비교급

INDONESIA

어휘공부

lahir	태어나다
bersama	~와 함께
ayah	아버지
berbahasa	말하다, ~언어를 사용하다
mempunyai	소유하다, 가지다
menikah	결혼하다
berat	무거운, 무게
sedang	중간 정도의
gemuk	뚱뚱한, 살찐
kurus	마른, 호리호리한
rambut	머리카락
lurus	곧은, 휘지 않은
hitam	검은
kulit	피부
bekerja	일하다
Sekolah Dasar(SD)	초등학교(ⓜ Sekolah Rendah)

텍스트

Ayah saya lebih tua daripada ibu saya.

Nama saya Maman. Saya lahir di Tasikmalaya pada tanggal 7 Juli 1980. Saya tinggal di Jalan Dempo 2, Jakarta Selatan. Saya tinggal bersama dengan orang tua saya. Ayah saya berasal dari Sukabumi. Dia berbahasa Sunda. Ibu saya berasal dari Yogyakarta. Dia berbahasa Jawa. Di rumah, kami berbahasa Indonesia. Ayah saya lebih tua daripada ibu saya. Saya mempunyai seorang kakak laki-laki dan seorang adik perempuan. Mereka sudah menikah. Berat badan saya sedang-sedang saja. Saya tidak gemuk dan juga tidak kurus. Rambut saya lurus dan hitam. Kulit saya sawo matang. Sekarang saya sudah bekerja. Saya mengajar di sekolah dasar.

우리말로 옮기기

아버지가 어머니보다 더 늙으셨어요.

내 이름은 마만입니다. 나는 1980년 7월 7일 따식말라야에서 태어났습니다. 나는 남부 자카르타의 뎀뽀가 2번지에 삽니다. 나는 부모님과 같이 삽니다. 아버지는 수까부미 출신입니다. 그 분은 순다말을 합니다. 어머니는 욕갸까르타 출신입니다. 어머니는 자바말을 합니다. 우리는 집에서 인도네시아 표준말을 합니다. 아버지는 어머니보다 나이가 더 많습니다. 나는 형과 여동생이 하나씩 있습니다. 그들은 모두 결혼했습니다. 나의 몸무게는 중간 정도입니다. 나는 뚱뚱하지도 않고 마르지도 않았습니다. 내 머리는 직모이고 검정색입니다. 내 피부는 구릿빛 색깔입니다. 나는 직장이 있습니다. 나는 초등학교에서 가르칩니다.

해 설 | 형용사의 동급/비교급/최상급

1 형용사의 동급은 sama ~ dengan으로 나타낸다. sama ~ dengan을 se~ 형식으로도 표현할 수 있으며 이때 전치사 dengan은 대개 생략한다.

Maman *sama* kaya dengan Agus.
마만은 아구스와 같은 부자이다.

Rumah Nyonya Kasim *sama* besar dengan rumah kita.
까심 부인의 집은 우리 집만큼 크다.

Ali *sama* tinggi dengan ayahnya.
알리는 그의 아버지와 키가 같다.

Maman *sekaya* Agus.
마만은 아구스와 같은 부자이다.

Ayah *segemuk* ibu.
아버지는 어머니처럼 뚱뚱하다.

Karno tidak *sepintar* dan serajin kakaknya.
까르노는 그의 형처럼 영리하지도 부지런하지도 않다.

2 비교급은 lebih ~ daripada(우등비교), kurang ~ daripada(열등비교)로 나타낸다.

Dia *lebih* tinggi *daripada* adik saya. 그는 내 동생보다 키가 크다.

Kayu ini *lebih* kuat *daripada* besi. 이 목재는 철보다 더 강하다.

Istrinya *lebih* tua *daripada* dia. 그의 아내가 그보다 더 늙었다.

Adik saya *kurang* tinggi *daripada* dia. 내 동생은 그보다 키가 크지 않다.

Kain ini *kurang* kuat *daripada* plastik. 이 천은 플라스틱보다 덜 강하다.

3 최상급은 paling을 쓰거나 형용사 앞에 접두사 ter-를 붙여서 표현한다. 그리고 형용사를 중복하고 접두사 se-와 접미사 -nya를 붙여서 표현할 수도 있다.

Dia *paling* cantik di dalam kelasnya.
그는 그의 반에서 가장 예쁘다.

Dari saudara-saudaranya ialah yang *paling* kaya.
그의 형제들 중 그가 가장 부자이다.

Inilah barang yang *paling* murah.
이것이 가장 싼 물건이다.

Dia tercantik di dalam kelasnya.
그는 그의 반에서 가장 예쁘다.

Pulau yang *ter*besar ialah Kalimantan.
가장 큰 섬은 깔리만딴이다.

Dia *se*cantik-cantik*nya* di dalam kelasnya.
그는 그의 반에서 가장 예쁘다.

연습문제

I. 다음 단어를 이용하여 최상급의 의미를 포함하는 문장을 만드시오.

1. pandai :

2. dekat :

3. cepat :

4. kuat :

5. tua :

II. 다음 문장을 인도네시아어로 옮기시오.

1. 내 동생이 그의 동생보다 더 크다.

2. 그들은 나보다 더 젊다.

3. 중국에는 세계에서 가장 긴 성이 있다.

4. 삼촌의 집은 우리 집처럼 멋지다.

5. 그 소녀가 반에서 제일 예쁘다.

속담 한마디

Besar pasak daripada tiang.

- 기둥보다 못이 더 크다/배보다 배꼽이 더 크다.

문화 사랑방

요일에 얽힌 이야기

금요일을 Jumat이라고 하는 것은 jemaah(예배 등 종교적 행사를 행하는 집단)에서 유래한 것이고, 일요일인 Minggu는 포르투갈어의 Dominggo(주님)와 관련한 '주님의 날'에서 유래했다. 토요일인 Sabtu는 히브리어를 통하여 영어로 차용된 셈족 언어 Sabbath(일곱 번째 날 혹은 셈족의 안식일)에서 유래한다.

Pelajaran

16

전치사와 전치사구 1

INDONESIA

어휘공부

umur	나이(=usia)
biasanya	대개, 일반적으로(umumnya, lazimnya)
taman kanak-kanak(TK)	유치원
sesudah	~한 후에
lama	오래
kemudian	그다음에
harus	반드시 ~하다(말레이어에서는 주로 mesti를 사용)
lagi	더
SMP(Sekolah Menengah Pertama)	중학교
SMA(Sekolah Menengah Atas)	고등학교

텍스트

Pendidikan di Indonesia

Ibnu : Sri, pada umur berapa anak-anak Indonesia masuk sekolah?

Sri : Biasanya umur lima tahun mulai masuk taman kanak-kanak, Pak.

Ibnu : Dan sesudah itu?

Sri : Umur enam tahun masuk SD.

Ibnu : Berapa lama di SD?

Sri : Enam tahun. Kemudian mereka masuk SMP selama tiga tahun.

Ibnu : Sesudah itu bisa masuk universitas?

Sri : Belum bisa. Mereka harus belajar di SMA selama tiga tahun lagi.

우리말로 옮기기

인도네시아의 교육

입누 : 스리, 인도네시아에서는 아이들이 몇 살 때 학교에 가지요?

스리 : 다섯 살이면 대개 유치원에 들어갑니다, 선생님.

입누 : 그 이후에는?

스리 : 여섯 살에는 초등학교에 들어갑니다.

입누 : 초등학교에서는 몇 년 공부하지요?

스리 : 6년 공부합니다. 그다음에는 중학교에 들어가서 3년간 공부하지요.

입누 : 그리고는 대학에 들어가나요?

스리 : 아닙니다. 고등학교에서 3년 더 공부해야 합니다.

해 설 | 전치사 및 전치사구의 활용

인도네시아어의 다양한 전치사나 전치사구를 정확하게 사용할 줄 알아야 한다.

1 di (장소를 나타내는 명사 앞에 쓰여서) ~에

Yanto duduk *di* atas kursi. 얀또는 의자에 앉아있다.

Dodi sedang belajar *di* perpustakaan. 도디는 지금 도서관에서 공부한다.

2 ke (장소를 나타내는 명사 앞에 쓰여서) ~로, ~에(이동방향을 포함)

Istri saya ingin pergi *ke* Bali. 내 아내는 발리에 가고 싶어 한다.

Ibu pergi *ke* pasar. 어머니는 시장에 가셨다.

3 dari (장소를 나타내는 명사 앞에 쓰여서) ~로부터, ~에서

I Ketut berasal *dari* Bali. 이 끄뜻은 발리 출신이다.

Tono keluar *dari* kamarnya. 또노는 그의 방에서 나왔다.

4 kepada (사람을 나타내는 명사 앞에 쓰여서) ~에게

Dia mengirim uang *kepada* ibunya. 그는 어머니께 송금했다.

Pak guru memberi nasehat *kepada* muridnya. 선생님이 학생에게 충고했다.

5 pada (시각이나 요일, 날짜 앞이나, 사람 앞에 쓰여서) ~에

Saya makan sarapan pagi *pada* pukul enam pagi.
나는 아침 여섯 시에 조반을 먹는다.

Ayah saya pergi ke Kuala Lumpur *pada* hari Selasa depan.
아버지께서 다음 화요일에 쿠알라룸푸르에 가신다.

Idul Fitri tahun ini jatuh *pada* tanggal 5 November.
올해 이둘 피트리는 11월 5일이다.

*Idul Fitri는 한 달간의 금식월(라마단)을 마치고 맞이하는 이슬람 최대의 명절. 말레이어로는 Aidil Fitri.

Dokumen itu ada *pada* saya sekarang.
그 서류는 지금 나한테 있다.

6 untuk, guna, bagi, demi, buat ~을 위하여

Oleh-oleh ini *untukmu*.
이 선물은 네 것이다.

Sdr. Lee pergi ke Bandung *guna* melanjutkan studinya.
이 군은 반둥으로 유학 갔다.

Panitia menyediakan hadiah *bagi* pemenang pertama.
위원회에서 1등을 위한 상을 준비했다.

Saudara sekalian harus belajar keras *demi* hari depannya.
여러분들은 미래를 위하여 열심히 공부해야 한다.

Buat sementara ini, saya tidak akan bertemu dengan Nova.
당분간 나는 노바를 만나지 않을 것이다.

연습문제

I. 다음 전치사를 사용하여 문장을 만들어 보시오.

1. di

2. ke

3. untuk

4. dari

5. pada

속담 한마디

Mencari cempedak di bawah pohon kelapa.

- 야자나무 밑에서 찜빼닥 열매를 기다린다/부질없는 희망

문화 사랑방

Kurang의 의미

잘 아는 바와 같이 kurang은 <모자라는>의 의미이다. 하지만 인도네시아 사람들이 이 단어를 거의 tidak과 같은 의미로 사용하는 것에 주의해야 한다. 예를 들어 kurang baik이라는 문장은 '덜 좋은' 그러니까 '70~80% 정도는 좋다'라는 의미가 아닌 tidak baik, 즉 '좋지 않다'의 의미이다. 상대방에게 무엇인가를 물었을 때 'Kurang tahu'라고 답했다면 그것은 '어느 정도 안다'라는 말이 아니고 '아무 것도 모르겠다'라는 의미이다. 우리말에서도 '잘 모르겠는데요'라는 말이 '정말 아무것도 모른다'는 의미와 같은 맥락이다.

Pelajaran

17

전치사와 전치사구 2

INDONESIA

어휘공부

minggu	주(대문자 Minggu로 쓸 경우는 일요일) *hari Minggu 일요일(ⓜ hari Ahad) *malam Minggu 토요일 밤
jenis	종류
mulai	시작하다(ⓜ bermula)
pulang	귀가하다, 귀국하다
agama	종교
sembahyang	예배
masjid	이슬람 사원 (이 보다 작은 규모의 사원을 surau라고 한다) *cf. gereja (교회), pura (힌두사원), kuil (절)
selama	~동안
masing-masing	각각의
bermacam-macam	여러 종류의(=berjenis-jenis)
mata pelajaran	학과목
biologi	생물학
ilmu bumi	지구과학
menghormati	존경하다

텍스트

Mereka pergi ke sekolah lima hari seminggu.

Di Indonesia pelajar-pelajar pergi ke sekolah lima hari seminggu. Ada dua jenis sekolah di Indonesia: sekolah pagi dan sekolah siang. Sekolah pagi mulai dari jam tujuh sampai jam satu siang dan sekolah siang mulai jam setengah dua sampai jam setengah tujuh malam. Pada hari Jumat murid-murid pulang jam dua belas siang. Mereka yang beragama Islam bersembahyang di masjid setiap Jumat siang. Anak-anak yang berumur enam sampai tujuh tahun mulai masuk Sekolah Dasar. Di situ mereka belajar selama enam tahun. Sesudah itu mereka masuk SMP dan SMA masing-masing selama tiga tahun. Di sekolah Indonesia siswa belajar bermacam-macam mata pelajaran. Misalnya biologi, ilmu bumi, dan lain-lain. Mereka menghormati gurunya di sekolah.

우리말로 옮기기

그들은 1주일에 6일 학교에 갑니다.

인도네시아 학생들은 일주일에 6일 공부합니다. 인도네시아에는 두 종류의 학교가 있는데 그 것은 아침에 공부하는 학교와 오후에 공부하는 학교입니다. 아침 학교는 오전 7시부터 오후 1시까지 공부하고 오후 학교는 오후 1시 반부터 6시 반까지 공부합니다. 금요일에 학생들은 낮 12시에 귀가합니다. 이슬람이 종교인 사람들은 매주 금요일 낮에 이슬람 사원에 가서 예배를 드립니다. 예닐곱 살의 어린이들은 초등학교에 들어갑니다. 그곳에서 그들은 6년간 공부합니다. 그다음에 그들은 중학교와 고등학교에서 각각 3년씩 공부합니다. 인도네시아 학생들은 다양한 학과목을 공부합니다. 예를 들면 생물, 지구과학 등의 과목입니다. 그들은 학교 선생님을 존경합니다.

해 설

1 depan, hadapan, muka (장소를 나타내는 명사 앞에 쓰여서) ~ 앞에

Tono menghentikan mobilnya di *depan* pom bensin.
또노는 주유소 앞에 차를 세웠다.

Jangan membuat malu di *hadapan* orang banyak.
많은 사람 앞에서 창피를 주지 마시오.

Dia menunggu saya di *muka* kantor saya.
그는 내 사무실 앞에서 나를 기다렸다.

2 belakang (장소를 나타내는 명사 앞에 쓰여서) ~ 뒤에

Ia bersembunyi di *belakang* pintu.
그는 문 뒤에 숨었다.

3 antara ~사이에

Anaknya berjalan di *antara* ayah dan ibu.
아이가 아버지와 어머니 사이에서 걸어간다.

4 dengan 동반관계, 도구, 동급 등의 의미를 가진다 (영어의 with의 기능)

Eti pergi ke AS *dengan* keluarganya. 에띠는 가족과 함께 미국에 갔다.

Saya masuk kerja *dengan* mobil. 나는 자가용으로 출근한다.

Pak Tommy sama ganteng *dengan* Pak Ibnu.
또미 선생님은 입누 선생님과 같이 잘 생겼다.

5 tentang, mengenai, akan, terhadap ~에 관하여

Mereka berbicara *tentang* acara malam Minggu ini.
그들은 이번 주말 밤의 계획에 대하여 이야기했다.

Pembicaraan *mengenai* pembentukan panitia ditunda sampai besok malam.
위원회 구성에 관한 토의가 내일 밤으로 연기되었다.

Akan harta peninggalan orang tuanya itu tiada dipikirkan lagi.
부모가 남긴 유산에 대하여 더 이상 생각하지 않았다.

Pimpinan perusahaan mengambil tindakan tegas *terhadap* setiap penyelewengan.
회사 지도층은 모든 일탈행위에 대하여 단호한 조치를 취했다.

6 seperti, sebagaimana ~처럼

Annelies cantik *seperti* bidadari. 아넬리스는 선녀처럼 예쁘다.

Sebagaimana dikatakan tadi, perkataan 'Anda' mulai dipakai sejak tahun 1957.
아까 이야기한 바와 같이 'Anda'라는 단어는 1957년부터 사용되기 시작했다.

연습문제

I. 빈칸에 알맞은 전치사를 넣으시오.

1. Saya bangun ________ pukul enam pagi.
2. Santi pergi ________ pasar dengan ibunya.
3. Adik saya duduk ________ atas kursi.
4. Susi pergi ke Pulau Jeju ________ pesawat terbang.
5. Anda berasal ________ mana?
6. ________ sementara ini, jangan masuk ruangan ini.
7. Rumah saya terletak di ________ rumah Anton dan rumah Sami.
8. Dia mengirim surat ________ pacarnya.
9. Kamu harus bekerja keras ________ hari depanmu.
10. Jangan membuat malu di ________ orang banyak.

속담 한마디

Membuang garam ke laut.

- 소금을 바다에 버리다/아무 쓸모 없는 일

문화 사랑방

인도네시아 사람들의 관용 의식

말레이시아나 인도네시아 사람들은 어릴 때부터 부모에게 꾸중을 듣고 않고 자란다. 어린아이가 무엇인가를 잘못했을 때 꾸중을 해보았자 소용이 없다는 말이다. 그것은 아직 어린아이들이 완전한 사람이 되지 않았다고(durung ngerti) 보기 때문이다. 성인이 되어 잘못을 저질렀을 때에도 자바의 전통 사회에서는 그가 아직 어린 아이의 수준이라고 생각하며 오히려 측은하게 여긴다.

Pelajaran

18

자동사와 타동사 1

INDONESIA

어휘공부

tunggal	유일한, 오직 하나인
manis	예쁜, 달콤한
pintar	영리한
duduk	~에 살다
DKI(Daerah Khusus Ibu kota)	자카르타 특별주
isi	내용물
bernafsu makan	식욕이 있는
entah	모르다
bioskop	극장(ⓜ pawagam: panggung wayang gambar)
pernah	~해보다, ~해본 적이 있는
kakak kelas	선배(↔ adik kelas)
ganteng	잘생긴
judul	제목(ⓜ tajuk)
jatuh cinta	사랑에 빠지다

텍스트

Tuti pergi menonton film.

Tuti merupakan anak tunggal Tuan dan Nyonya Didi. Dia anak yang baik, manis dan juga pintar di sekolah. Dia berumur 14 tahun. Keluarga ini tinggal di ibu kota negara Indonesia, yaitu DKI Jakarta. Seisi rumah ini sedang makan di kamar makan.

Pak Didi : Engkau sedikit sekali makan, Tuti. Kenapa? Apa engkau sakit?

Tuti : Tidak, Pak. Saya tidak sakit. Saya kurang bernafsu makan. Entahlah. Tadi malam saya tidak bisa tidur.

Ny. Didi : Kenapa begitu? Minumlah dulu susu ini.

Tuti : Saya tidak haus, Bu. Oh ya, Ibu. Bolehkah saya pergi ke bioskop nanti malam?

Ny. Didi : Ya, tentu boleh. Dengan siapa engkau akan pergi?

Tuti : Dengan teman saya.

Pak Didi : Siapa namanya dan berapa umurnya?

Tuti : Namanya Edi. Dia pernah datang ke rumah kita. Umurnya 15 tahun. Dia kakak kelas saya dan ganteng juga.

Ny. Didi : Ya, sekarang saya ingat. Ke bioskop mana engkau akan pergi dan apa judul filmnya?

Tuti : Kami mau ke Studio 21, dan filmnya Titanik. Film Amerika, jadi dalam bahasa Inggris. Senang sekali menonton film dengan Edi.

Ny. Didi : Engkau jatuh cinta padanya, kan?

Tuti : Ah, Mama ini.

우리말로 옮기기

뚜띠는 영화 보러 갑니다.

뚜띠는 디디 부부의 외동딸입니다. 그녀는 친절하고 예쁘며 학교 공부도 잘 합니다. 나이는 열네 살입니다. 이 가족은 인도네시아의 수도인 자카르타에서 삽니다. 이 집 식구들은 지금 식당에서 식사를 하고 있습니다.

디디 : 뚜띠, 너 식사를 조금밖에 안 하는데, 왜 그러니? 혹시 아픈 거 아니야?

뚜띠 : 아니예요, 아빠. 아프지 않아요. 식욕이 좀 없네요. 왜 그런지 모르겠어요. 어제 밤에 잠을 잘 못 잤어요.

디디 부인 : 왜 그래? 우유 먼저 마셔봐.

뚜띠 : 엄마, 나 목 안 말라요. 그런데 엄마, 오늘 저녁에 나 극장 가도 돼요?

디디 부인 : 물론이지. 누구하고 가는데?

디디 : 이름이 뭐야, 그리고 나이는 얼마인데?

뚜띠 : 이름은 에디예요. 우리 집에도 왔었고요. 나이는 열다섯이예요. 제 선배인데 잘 생겼어요.

디디 부인 : 그래 기억이 나네. 어느 극장에 가서 무슨 영화를 볼 건데?

뚜띠 : 스튜디오 21에 가서 타이타닉을 볼 거예요. 미국 영화이구요, 그래서 영어로 만든 영화입니다. 에디와 영화 보는 게 즐거워요.

디디부인 : 너 에디와 사랑에 빠졌구나, 그렇지?

뚜띠 : 아, 엄마도 참.

해 설 | 자동사

자동사와 타동사를 구분하는 것은 별 의미가 없다. 목적에의 유무로 타동사와 자동사를 구분하기 때문이다. 다만 인도네시아어에서는 접두사의 형태로 구분할 수 있다. 자동사는 대개 접두사 ber-가 붙고, 타동사는 대개 접두사 me-가 붙는다. 그렇지만 많지는 않지만 어근만으로 자동사나 타동사를 이루는 경우도 있다.

1 어근만으로 이루어지는 자동사

Saya *lahir* di Seoul.
나는 서울에서 태어났다.

Ia *pindah* rumah ke Pondok Indah.
그는 뽄독 인다로 이사했다.

Mr. Kim sedang *pergi*.
김 선생은 외출 중이다.

2 접두사 ber-와 결합하는 자동사

Saya *bekerja* di PT Maninda.
나는 마닌다에서 일한다.

Boleh saya *bertanya*?
질문해도 되겠습니까?

Anak saya *bermain* di lapangan sekolah.
내 아이가 운동장에서 논다.

3 접두사 me-와 결합하는 자동사

Adik saya *menangis* sepanjang malam.
내 동생이 저녁내 울었다.

Harga barang-barang *meningkat* sekarang.
요즈음 물가가 오른다

Mereka *menari* di dalam kamar.
그들은 방 안에서 춤추었다.

* 이상을 정리해 보면 접두사 ber-가 붙는 동사는 대개 자동사, 접두사 me-가 붙는 동사는 대개 타동사이다. 대개 그렇다는 말은 항상 그러하다는 말이 아니다. 즉, 접두사 ber-가 붙는 타동사도 있고, 접두사 me-가 붙는 자동사도 있다는 말이다. 결국은 단어의 의미와 활용법을 각각 제대로 숙지해야 한다.

4 반복어 형식의 동사

다형태소적 구조 동사 중의 하나로 반복어 형식의 동사가 있는데 대개 <한가로이 ~하다>, <계속해서 ~하다>의 의미를 갖는다.

Dia *berjalan-jalan* di Pondok Indah.
그는 뽄독 인다를 산책했다.

Jangan *duduk-duduk* di pintu masuk.
출입구에 앉아 있지 마시오.

Saya *melihat-lihat* di Singapura.
나는 싱가포르를 구경했다.

Dodi *bercakap-cakap* dengan temannya.
도디는 친구들과 담소를 나누었다.

Mereka *memukul-mukul* anjing itu.
그들은 개를 계속 때렸다.

연습문제

I. 다음 문장을 접두사 ber-가 붙는 동사를 이용하여 바꾸시오.

1. Pak Hadi mempunyai mimpi tentang adik yang tinggal di Eropa.

2. Edi naik sepeda ke pasar.

3. Sunarso memakai kacamata hitam.

4. Nuri sudah lama melakukan kerja di kantor pos.

5. Dodi mengendarai mobil ke kampus.

6. Dia memberi pidato di depan pintu gerbang.

7. Saya pernah menjual rokok untuk mencari nafkah.

8. Jepang mengadakan perang dengan AS dalam Perang Dunia Ⅱ.

9. Perempuan itu baru melahirkan anak.

10. Laki-laki yang mengenakan topi itu paman saya.

속담 한마디

Berguru dahulu sebelum bergurau.

- 놓하기 전에 공부부터/공부하고 놀아라.

문화 사랑방

이슬람권의 끼블랏(Kiblat)

이슬람권의 호텔에 가면 천장이나 탁자 서랍 안에 초록색 화살표 모양으로 'Kiblat'이라고 표시되어 있는 것을 발견할 수 있다. 끼블랏은 이슬람교도들이 예배할 때 향하는 메카의 방향을 표시한다. 즉, 그 방향을 향하여 기도하고 예배드린다는 말이다. 이 표시가 비상구 방향을 표시하는 것이 아니다.

Pelajaran

19

자동사와 타동사 2

INDONESIA

어휘공부

musim 계절, 철	계절, 철 *musim semi, musim bunga 봄 *musim panas 여름 *musim gugur 가을 *musim dingin 겨울 *musim hujan 우기 *musim kemarau 건기
biasanya	일반적으로
hawa	날씨
dingin	추운
mulai	~부터
sampai	~까지
khatulistiwa	적도(= ekuator)
atau	혹은

텍스트

Musim di Indonesia

Sangwoo : Sdr. Anwar, di Indonesia ada berapa musim? Apakah ada musim dingin dan musim panas?

Anwar : Di Indonesia ada dua musim, musim hujan dan musim kemarau. Tidak ada musim dingin. Hawa biasanya panas.

Sangwoo : Kapan musim hujan dan kapan musim kemarau?

Anwar : Musim hujan mulai bulan Oktober atau November sampai bulan April. Musim kemarau mulai bulan April atau Mei.

Sangwoo : Apakah ada hujan dalam musim kemarau?

Anwar : Ya, tetapi tidak sebanyak dalam musim hujan. Di tempat-tempat tinggi dan dekat khatulistiwa juga ada hujan dalam musim kemarau.

Sangwoo : Dalam musim hujan, apakah tiap-tiap hari hujan?

Anwar : Tidak tiap-tiap hari. Kadang-kadang ada matahari. Hujan biasanya mulai sesudah pukul satu atau dua siang sampai malam.

우리말로 옮기기

인도네시아의 계절

상 우 : 안와르, 인도네시아에는 몇 계절이 있지요? 겨울과 여름이 있나요?

안와르 : 인도네시아에는 우기와 건기 두 계절이 있어요. 겨울은 없어요. 날씨가 대체적으로 덥지요.

상 우 : 우기와 건기가 언제인가요?

안와르 : 우기는 10월이나 11월에 시작해서 4월까지이고, 건기는 4월이나 5월에 시작하지요.

상 우 : 건기에도 비가 오나요?

안와르 : 오기는 하는데 우기처럼 많이 오지는 않지요. 고지대나 적도 지역에는 건기에도 비가 옵니다.

상 우 : 우기에는 비가 매일 오나요?

안와르 : 매일은 안 와요. 해가 뜨는 날도 많아요. 비는 대개 오후 한두 시부터 밤까지 옵니다.

해설 | 타동사

앞에서 설명한 바와 같이 접두사 ber-가 붙는 동사는 대개 자동사, 접두사 me-가 붙는 동사는 대개 타동사이다. 대개 그렇다는 말은 항상 그러하다는 말이 아니다. 즉, 접두사 ber-가 붙는 타동사도 있고, 접두사 me-가 붙는 자동사도 있다는 말이다. 결국은 단어의 의미와 활용법을 제대로 숙지하는 것이 중요하다.

1 어근으로만 이루어지는 타동사

Mereka lebih perlu makanan daripada pakaian.
그들은 옷가지보다 음식물이 더 필요하다.

Ia sudah tidak ingat lagi akan kewajibannya.
그는 자신의 임무를 더 이상 생각하지 않는다.

2 접두사 ber-와 결합하는 타동사

Ayahnya berjual rokok di tepi jalan.
그의 아버지는 거리에서 담배 장사를 한다.

Orang berburu gajah untuk mendapatkan gadingnya.
사람들은 상아를 얻으려고 코끼리 사냥을 한다.

3 접두사 me-와 결합하는 타동사

Dia meminjam buku dari perpustakaan. 그는 도서관에서 책을 빌렸다.

Ia sudah menjual rumahnya. 그는 집을 팔았다.

Ayah saya mengundang temannya ke rumah.
아버지가 친구를 집으로 초대했다.

4 Saya kira ~ 내 생각에는

자신의 의견을 말할 때 흔히 쓰이는 어귀 중에 "내 생각에는 ~"이라는 표현이 있는데 말레이어에서는 주로 "Saya rasa~", 인도네시아어에서는 "Saya kira~"라는 표현을 쓴다.

Saya kira kesebelasan Korea sangat kuat.
내 생각에 한국 축구팀은 매우 강하다.

Saya kira pendapat Anda sudah benar.
내 생각에 당신 견해는 옳습니다.

Saya kira mutu produk ini baik sekali.
내 생각에 이 제품의 품질은 매우 좋습니다.

연습문제

I. 다음 문장을 인도네시아어로 옮기시오.

1. 디디는 어머니께 편지를 썼다.

2. 나는 서울에서 태어났다.

3. 수나르소는 도서관에서 공부한다.

4. 그 환자는 의사의 도움이 필요하다.

5. 태양은 동쪽에서 뜬다.

6. 내 동생은 화장실에서 울었다.

7. 쁘람(Pram)은 그의 어머니와 담배 장사를 한 적이 있다.

8. 나는 아침 7시에 아침 식사를 한다.

9. 에띠는 지난주에 반둥으로 이사했다.

10. 나는 밤방을 집으로 초대했다.

속담 한마디

Sambil menyelam minum air.

- 잠수하고 물 먹고/일석이조

문화 사랑방

대중목욕탕이 없는 나라

인도네시아나 말레이시아에는 대중목욕탕이 없다. 이분들이 내의를 벗고 함께 모여 목욕을 한다는 것은 매우 익숙하지 않은 일임에 틀림없다. 자신의 몸을 남에게 보인다는 것이 부담이 되는 것이다. 최근에는 이 지역에 우리 한국 사람들이 한국식의 사우나를 만들어 우리 한국 사람 뿐만 아니라 이 지역 사람들도 이용하고 있다. 다만 사우나 시설에 입장하려는 사람들은 무릎까지 오는 팬티를 착용하고 입장해야 한다.

Pelajaran

20

관계사 yang

INDONESIA

어휘공부

usaha	사업 *perusahaan 회사(ⓜ syarikat) *pengusaha 사업가
keluarga	가족, 가정 *berkeluarga 가정을 가진, 결혼한
presiden direktur	대표이사
mensuplai	공급하다
berkembang	발전하다
pesat	빨리, 속히
terletak	~에 위치하다
latar belakang	배경
pendidikan	교육 Kementerian Pendidikan dan Kebudayaan 교육문화부
lulus	졸업하다 *lulusan 졸업생(ⓜ tamatan)

텍스트

Dodi mencari sekretaris baru.

Dodi seorang pengusaha. Dia sudah berkeluarga dan punya tiga orang anak, seorang anak laki-laki dan dua orang anak perempuan. Dia presiden direktur PT Maninda yang mengimpor barang-barang plastik dari Korea dan mensuplai di Indonesia. Usahanya berkembang pesat. Kantornya terletak di daerah Blok M. Sekretarisnya Dodi, yaitu Susanti akan berhenti bekerja, karena dia akan menikah bulan depan. Oleh sebab itu, dia sedang mencari seorang sekretaris baru. Dia mencari wanita, berusia 25 tahun sampai 30 tahun, yang berlatar pendidikan SMA.

우리말로 옮기기

도디는 비서를 새로 구한다.

도디는 사업가입니다. 그는 결혼을 했고 아이가 셋인데 아들 하나 딸 둘입니다. 그는 한국에서 플라스틱 제품을 수입해서 인도네시아에 공급하는 마닌다 사의 대표이사입니다. 그의 사업은 급속히 성장했습니다. 그의 회사는 블록엠에 있습니다. 그의 비서 수산띠는 다음 달에 결혼하기 때문에 회사를 그만둡니다. 그래서 도디는 새 비서를 찾습니다. 그는 고등학교 졸업 이상의 25~30살의 여성을 찾고 있습니다.

해설 | 관계사 yang

관계사 yang의 용법을 숙지하게 되면 비로소 긴 문장을 이해하거나 구사할 수 있게 된다. 관계사는 관계대명사와 관계부사의 역할을 하는 것으로 yang이 주로 쓰인다. 관계사 yang을 매개로 yang 뒤의 절이 yang 앞의 선행사를 한정한다. 선행사가 없는 경우에는 관계사 yang이 선행사를 포함하는 것으로 이해해야 한다. 장소를 나타내는 관계부사의 경우 tempat을 사용하기도 하나 지금은 yang을 사용하는 추세이다.

1 다음 두 문장을 관계사를 사용하여 한 문장으로 만들 수 있다.

Susanto membaca novel itu.
수산또는 그 소설을 읽는다.

Susanto adalah teman karib saya.
수산또는 나의 친한 친구이다.

→ Susanto *yang* membaca novel itu adalah teman karib saya.
소설책을 읽는 수산또는 나의 친한 친구이다.

Pak Tommy mengajar sastra Indonesia.
또미 교수는 인도네시아 문학을 가르친다.

Pak Tommy berasal dari Tasikmalaya.
또미 교수는 따식 말라야 출신이다.

→ Pak Tommy *yang* mengajar sastra Indonesia berasal dari Tasikmalaya.
인도네시아 문학을 가르치는 또미 교수는 따식 말라야 출신이다.

2 관계사 yang이 선행사를 포함하는 경우 <~한 사람>, <~한 것>으로 옮김.

Yang paling pandai dalam kelas ini adalah Sugimin.
이 반에서 제일 똑똑한 학생은 수기민이다.

Yang saya suka itu berwarna merah.
내가 좋아하는 색상은 빨강이다.

Yang mana rumahmu?
네 집이 어느 것이냐?

3 이와 같이 관계사 yang을 활용함으로써 긴 문장을 이해하고 구사할 수 있다.

Pada waktu terjadi bencana alam seperti Tsunami beberapa waktu *yang* lalu, Club Harley Davison Jakarta, grup sepeda motor besar tempat Tony bergabung, mengunjungi daerah itu dan memberikan bantuan kepada *yang* mengalami bencana.
얼마 전에 지진해일과 같은 자연 재앙이 발생했을 때 토니가 회원으로 있는 대형 오토바이 그룹인 자카르타 할리 데이비슨 클럽은 그 지역을 방문하여 재난을 입은 사람들에게 지원금을 전달했다.

Manusia harus betul-betul menyadari bahaya terhadap keselamatannya sendiri *yang* timbul dari perusakan lingkungan hidup.
인간은 자연환경이 파괴됨으로써 자신의 안전에 위험이 온다는 사실을 진정으로 인식해야 한다.

연습문제

I. 관계사 yang을 사용하여 다음 두 문장을 한 문장으로 만드시오.

1. Pak Tommy mengajar bahasa Indonesia.
   Pak Tommy datang dari Indonesia.

2. Artis itu terkenal sekali.
   Artis itu teman saya.

3. Anjing itu galak.
   Anjing itu menggigit teman saya.

4. Tuti berpengalaman.
   Tuti seorang dosen.

5. Joko mengejar pencuri.
   Pencuri itu mengambil tas saya.

속담 한마디

Tak ada gading yang tak retak.

- 금 안 간 상아는 없다/모든 사람은 결점이 있기 마련이다.

문화 사랑방

이슬람교도들의 5대 의무

다른 종교도 마찬가지이지만 이슬람교도들에게 종교는 생활의 일부분이다. 이들이 지켜야 할 의무는 다섯 가지인데, 첫째, 알라신 이외에 다른 신을 섬기지 않는다는 맹세인 샤하닷(Syahadat), 예배(Salat), 금식(Puasa), 희사(Zakat), 그리고 능력이 될 때의 성지순례(Ibadah haji)이다.

Pelajaran 21

명령문

INDONESIA

어휘공부

meninggalkan	~를 떠나다 *tinggal 살다 *meninggal 죽다
kira-kira	대략, 어림잡아 (=lebih kurang, kurang lebih, barang, sekitar)
barangkali	아마(의문문에서는 '혹시'로 옮김) * Barangkali Anda dari Indonesia? 혹시 인도네시아에서 오셨습니까?
mengadakan	개최하다
riset	연구(research)
pondokan	숙소, 기거할 곳
menyurati	편지를 보내다

텍스트

Tunggu saja sebentar!

Sangwoo : Selamat malam, Pak.

Pak Ibnu : Selamat malam, Saudara Sangwoo. Silakan masuk. Kapan Saudara akan meninggalkan Seoul?

Sangwoo : Kira-kira tanggal satu April tahun ini.

Pak Ibnu : Di Indonesia Saudara akan tinggal di mana?

Sangwoo : Barangkali di Yogya. Saya akan mengadakan riset di sana.

Pak Ibnu : Apa Saudara sudah mendapat pondokan di sana?

Sangwoo : Belum, tetapi barangkali di rumah teman saya.

Pak Ibnu : Kalau Saudara mau, Saudara bisa tinggal di rumah adik saya.

Sangwoo : Terima kasih banyak. Apa saya harus menelepon mereka?

Pak Ibnu : Tidak usah, kami yang akan memberi telepon kepada mereka. Tunggu saja sebentar di sini.

Sangwoo : Terima kasih, Pak

우리말로 옮기기

잠깐만 기다려라!

상 우 : 안녕하세요, 선생님.

입수 선생 : 안녕, 상우 군. 어서 와요. 언제 서울을 출발한다고 했지요?

상 우 : 금년 4월 1일 경에 갑니다.

입수 선생 : 인도네시아에서는 어디에서 지낼 예정이지요?

상 우 : 족자까르따에서 지낼 것 같습니다. 그곳에서 연구를 수행할 예정입니다.

입수 선생 : 그 쪽에 묵을 곳은 정했나요?

상 우 : 아직 못했는데, 아마 친구 집에 묵을 것 같습니다.

입수 선생 : 상우 군이 원한다면 내 동생 집에 묵을 수 있어요.

상 우 : 고맙습니다. 제가 그쪽으로 전화를 해야 하나요?

입수 선생 : 그럴 필요 없어요. 내가 할게요. 잠시만 여기서 기다려요.

상 우 : 감사합니다.

해 설 | 명령문

의문문에서 문장의 끝에 <-kah>를 붙이는 것이 우리말과 유사한 것처럼 말레이어에서 문장의 끝에 <-lah>를 붙이는데 이것도 우리말의 명령문과 유사한 점이 있다.

1 원칙적으로 문장의 주어를 빼면 명령문이 된다.

Naik taksi itu! 저 택시를 타라!

Lihat upacara perkawinan itu! 저기 결혼식을 보아라!

Ambil buku itu! 저 책을 가져가라!

2 문장의 끝에 <-lah>를 붙인다.

Keringkan*lah* rambutmu! 네 머리를 말려라!

Berangkat*lah* sekarang juga! 지금 출발해라!

Turunkan*lah* barang itu! 저 물건을 내려라!

3 위의 문장처럼 특정한 목적에 대한 행위를 수반하는 명령형의 경우는 일반적으로 접두사 me- 가 생략되지만 일반적인 행위에 주안점을 두는 경우 및 자동사의 경우에는 접두사 me-를 생략하지 않는다.

Bacalah buku itu! 저 책을 읽어라!

Membaca bukulah sekarang! 지금 독서를 해라!

Pakaian itu kotor, cucilah! 저 옷이 더러우니 세탁해라!

Mencucilah sekarang! 지금 세탁을 해라!

Menyanyilah! 노래를 불러라!

Memekiklah! 소리를 질러라!

4 인도네시아에서는 동사 뒤에 <saja>를 붙여 명령형을 나타내는 경우가 많으며 특히 대화체의 문장에서는 이를 <aja>로 줄여 말할 수 있다.

Datang *saja* besok! 내일 오시오!

Tunggu *saja* di sini! 여기에서 기다리시오!

Minum *aja* obat ini setelah makan siang! 점심 식사 후에 이 약을 드시오!

5 권유할 때는 <Silakan>을 문장 앞에 붙인다. 말레이시아에서는 대개 <Sila>를 붙인다.

Silakan duduk. 앉으세요.

Sila masuk. 들어오세요.

6 부정명령문은 문장 앞에 <Jangan>을 붙인다.

Jangan pergi sekarang! 지금 가지 마라!

Jangan minum minuman keras banyak! 술을 많이 마시지 마라!

Janganlah menyanyi! 노래하지 마라!

연습문제

I. 다음 문장을 명령형의 문장으로 바꾸시오.

1. Anda berenang setiap hari Sabtu.

2. Kalian turun dari pohon itu.

3. Kalian menolong anak itu.

4. Anda menyembuhkan orang itu.

5. Kami mandi sebelum pukul 6 sore.

6. Anda makan apel itu.

7. Kamu mengeringkan rambutmu.

8. Kalian menurunkan kopor saya dari mobil.

9. Engkau menyirami bunga mawar itu.

10. Anda mengambil buku cerita itu.

속담 한마디

Anjing galak, babi berani.

개는 사납고 돼지는 용감하다. / 막상막하

문화 사랑방

우산이 잘 팔리지 않는 나라

말레이시아와 인도네시아는 건기와 우기 두 계절이 있다. 우리나라의 겨울철이 대개 우기가 되고 나머지가 건기이다. 우기에는 물론 비가 자주 온다. 하지만 이 나라에 우산이 잘 팔리지 않는다. 비가 오면 대개 다리 밑이나 다른 은신처에서 비를 피하다가 비가 개면 다시 활동을 하기 때문이다.

Pelajaran

22

수동형의 문장

INDONESIA

어휘공부

setiap hari	매일(tiap-tiap hari, saban hari)
bangun	일어나다
pertama-tama	우선, 먼저(=terlebih dahulu, mula-mula sekali)
gosok gigi	이를 닦다
odol	치약
sikat gigi	치솔
mengenakan	(옷을)입다
pembantu	가정부(=pembantu rumah)
memasak nasi	밥을 짓다(=menanak nasi)
kuliah	강의, 강의를 듣다
sastra	문학(ⓜsastera)
dosen	교수(ⓜpensyarah)
cukup	충분히, 꽤
mahal	비싼
terkenal	유명한, 알려진
membandingkan	비교하다
jauh	먼, 멀리 떨어진

텍스트

Sarapan disediakan pembantu.

Setiap hari saya bangun jam 6 pagi. Pertama-tama saya mandi, kemudian menggosok gigi dengan menggunakan odol dan sikat gigi. Sesudah mengenakan pakaian saya siap untuk makan pagi. Sarapan disediakan pembantu. Pembantu kami memasak nasi goreng dan ayam goreng. Teh manis juga disediakannya. Saya berangkat ke sekolah jam 6.30 karena kuliah mulai jam tujuh pagi. Karena rumah saya tidak jauh dari kampus, saya suka berjalan kaki. Sesudah berjalan terus selama sepuluh menit saya belok ke kiri dan kemudian ke kanan. Kuliah pertama adalah filsafat, kedua sosiologi dan kemudian diikuti oleh sastra Indonesia. Saya paling suka belajar sastra Indonesia karena dosen saya baik sekali. Saya kuliah di Fakultas Ilmu Pengetahuan Budaya(FIB), Universitas Indonesia(UI). Di Indonesia ada dua macam universitas: universitas negeri dan universitas swasta. Iuran universitas swasta lebih mahal dibandingkan dengan universitas negeri. Universitas Indonesia adalah universitas negeri yang terkenal. Universitas ini terletak di Depok. Depok tidak jauh dari Jakarta.

우리말로 옮기기

아침 식사를 가정부가 준비합니다.

나는 매일 아침 6시에 일어납니다. 우선 나는 목욕을 하고 치약과 칫솔로 이를 닦습니다. 옷을 입은 다음에 나는 식사할 준비를 합니다. 조반은 가정부가 준비합니다. 우리 가정부는 볶음밥과 닭볶음을 준비합니다. 그리고 그녀는 더운 홍차도 준비합니다. 나는 여섯 시 반에 학교로 향합니다. 강의가 일곱 시에 시작되기 때문입니다. 우리 집이 캠퍼스에서 멀지 않기 때문에 나는 걸어가기를 좋아합니다. 나는 10분 정도 곧장 걷다가 좌회전 그다음에 우회전합니다. 첫째 강의는 철학이고 그 다음은 사회학 그리고 인도네시아 문학 강의가 이어집니다. 나는 인도네시아 문학 강의를 가장 좋아합니다. 왜냐하면 교수님이 좋기 때문입니다. 나는 인도네시아대학교 문과대학에서 공부합니다. 인도네시아에는 두 종류의 대학이 있습니다. 국립대학과 사립대학이 그것입니다. 국립대학과 비교하면 사립대학의 등록금은 꽤 비쌉니다. 인도네시아대학교는 잘 알려진 국립대학교입니다. 이 대학은 데뽁에 위치하고 있습니다. 데뽁은 자카르타에서 멀지 않습니다.

해설 | 수동형의 문장

인도네시아어 문장을 살펴보면 수동형의 문장이 많은 것을 알 수 있다. 능동형의 문장을 수동형의 문장으로 만드는 방법에 대하여 학자들에 따라 다른 주장을 하기도 하지만 대체적으로 다음과 같이 정리할 수 있다.

1. 주어가 1, 2인칭인 경우에는 능동형 문장의 목적어를 주어로 한 후 능동형 문장의 주어가 그다음에 오며, 이어 동사에서 접두사 me-를 뺀 형태가 위치한다.

Saya mencuci mobil ayah. 나는 아버지 차를 세차했다.

→ Mobil ayah saya cuci. 아버지 차를 내가 세차했다.

Anda membaca novel itu. 당신은 그 소설을 읽었다.

→ Novel itu Anda baca 그 소설을 당신이 읽었다.

2. 주어가 3인칭인 경우에는 능동형 문장의 목적어를 주어로 하고 접두사 me-를 뺀 동사에 수동접두사 di-를 붙인 후 영어 수동형 문장의 by에 해당하는 oleh, 그리고 그 뒤에 행위자인 능동형 문장의 주어(dia, ia, mereka 등)를 붙인다. 이때 oleh는 대개 생략되며 3인칭대명사 dia나 ia를 -nya로 대치할 수 있다.

Dia menonton film Arini. 그는 아리니라는 영화를 보았다.

→ Film Arini ditonton (oleh) dia. 아리니라는 영화를 그가 보았다.

Dodi memanggil Pak Amin. 도디는 아민 선생님을 불렀다.

→ Pak Amin dipanggil Dodi. 아민 선생님을 그가 불렀다.

3 동사 앞에 시제를 나타내는 조동사가 있는 능동형의 문장을 수동형으로 만들 때 유의할 점은 수동형 문장에서 이 조동사가 수동접두사의 역할을 하는 단어 앞에 위치해야 한다는 것이다. 즉, 수동접두사와 접두사 me-를 뺀 본동사 사이에는 아무것도 위치할 수 없다.

Saya sudah menulis surat. 나는 편지를 썼다.

→ Surat sudah saya tulis. 편지를 내가 썼다.

Surat saya sudah tulis. (×)

Surat saya sudah menulis. (×)

Surat sudah saya menulis. (×)

Eti sudah menanak nasi. → 에띠가 밥을 지었다.

Nasi sudah ditanak Eti. 밥을 에띠가 지었다.

4 관계사 yang 뒤에 이어지는 수동형 형태의 문장에도 주의를 기울여야 한다.

Apa yang biasanya Anda *lakukan* pada malam Minggu?

주말에는 대개 무엇을 합니까?

Yang sudah saya *lihat* di toko itu adalah ukiran kayu.

내가 그 가게서 본 것은 목각이다.

Anak yang *ditidurkan* wanita itu di kamarnya adalah anak sulung.

그 여자가 방에서 재운 아이는 맏이이다.

5 목적어가 문장 앞에 오는 수동형의 문장으로 명령형을 표시할 수 있다.

Jendela *ditutup* sebelum tidur! 자기 전에 창문을 닫아라!

Kue itu jangan *dimakan*, ya! 그 과자 먹지 말아라!

Kamarmu *dikunci* sebelum berangkat! 출발하기 전에 방문을 잠궈라!

연습문제

I. 다음 문장을 수동형으로 만드시오.

1. Anda mengambil tas saya.

2. Dia membangunkan Soraya.

3. Ibu memasukkan santan ke dalam sayur.

4. Saya sudah membeli buku itu.

5. Saya akan menulis surat kepada teman saya di Kuala Lumpur.

6. Eti meminjamkan uang sejumlah satu juta rupiah kepada temannya.

7. Dia sudah menutup jendela

8. Kita sudah mengambil buku itu.

9. Kamu mengurus rumah dengan baik.

10. Mereka mendatangkan dosen dari Indonesia.

속담 한마디

Habis manis sepah dibuang.

- 단물을 빼먹고 수숫대를 버리다/토사구팽

문화 사랑방

오젝(Ojek)

오젝은 다른 사람을 위하여 특정한 용역을 제공하고 사례를 받는 사람을 말한다. 오젝은 대개 자신의 오토바이에 다른 사람을 태워 목적지까지 데려다주고 돈을 받는 것을 말한다. 비가 올 때 차에서 내리는 사람에게 잠시 우산을 씌워주고 약간의 돈을 받는 것도 오젝이라고 한다. 즉 오젝 빠융(ojek payung)이다.

Pelajaran

23

-nya의 활용

INDONESIA

어휘공부

membawa	가져가다, 가져오다
meminjam	빌다
	*meminjamkan 빌려주다
roman	소설(=novel)
membaca	읽다
beberapa	몇몇의
menulis	쓰다
salah	틀린, 잘못된
salah satu	~중의 하나
sastrawan	문학
mempunyai	문인
toko	소유하다
coba	~을 해보다, 시도해보다(ⓜ cuba)

텍스트

Saya sudah membacanya.

Narti : Apa kabar, Sangwoo?

Sangwoo : Baik-baik saja. Dan kabar Saudara?

Narti : Biasa saja. Sangwoo membawa apa?

Sangwoo : Buku roman Bumi Manusia. Buku ini saya pinjam dari teman saya.

Narti : Oh, roman itu baik sekali. Saya membacanya beberapa tahun yang lalu.

Sangwoo : Apa Narti tahu siapa menulis roman Bumi Manusia?

Narti : Kalau tidak salah, Pramoedya Ananta Toer. Dia salah seorang sastrawan Indonesia yang terkenal di seluruh dunia.

Sangwoo : Saya harus membahas buku itu, tetapi perpustakaan universitas tidak mempunyainya. Apa Narti tahu di mana saya bisa membelinya?

Narti : Coba saja di toko buku Gramedia.

Sangwoo : Baiklah, akan saya coba.

우리말로 옮기기

나는 그것을 이미 읽었어요.

나르띠 : 안녕, 상우?

상 우 : 난 좋아. 넌 어때?

나르띠 : 그저 그래. 상우 뭘 가져왔어?

상 우 : 『인간의 대지』라는 소설이야. 이 책을 친구한테서 빌렸어.

나르띠 : 아, 그 소설 정말 좋은 소설이야! 나는 몇 년 전에 읽었어.

상 우 : 나르띠는 인간의 대지를 누가 썼는지 알아?

나르띠 : 내가 잘못 알고 있지 않다면, 쁘라무디아 아난따 뚜르이지. 그 분은 인도네시아가 낳은 세계적인 소설가 중의 한 분이야.

상 우 : 나는 그 소설에 대한 평을 써야 하는데 우리 대학 도서관에는 책이 없어. 그 소설을 어디에서 살 수 있는지 나르띠는 알지?

나르띠 : 그라메디아 서점에 가 봐.

상 우 : 좋아, 그렇게 해볼게.

해설 | -nya의 활용

-nya가 붙는 위치상으로 볼 때 접미사로 볼 수 있지만 엄격히 말하면 접미사라기보다는 <소유>의 의미를 갖는 전접어 형태의 대명사라고 보아야 한다. -nya는 다음과 같은 여러 다른 기능을 가진다.

1 소유격 대명사

Saya tertarik oleh orang itu karena pribadinya, bukan karena kekayaan orang tua*nya*.
내가 그에게 이끌린 것은 그의 부모의 부유함 때문이 아니라 그의 사람됨 때문이다.

Bajunya penuh lumpur karena ia terperosok ke dalam parit.
그가 도랑에 빠졌기 때문에 그의 옷이 진흙 범벅이 되었다.

Rumah itu dibangunnya dengan hasil keringat*nya* sendiri.
그 집은 그 자신의 땀의 결과로 지었다.

2 명사형을 형성

-nya가 단어에 접미됨으로써 전성명사를 만든다.

1) merdu(목소리가 듣기 좋은, 부드러운, 낭랑한)와 indah(아름다운)은 형용사이지만 여기에 -nya가 붙은 형태인 merdunya나 indahnya는 전성명사의 기능을 한다.

Merdu*nya* suara penyanyi itu sulit dicari tandingannya.
그 가수의 낭랑한 목소리에 겨룰 자는 없다.

Indah*nya* pemandangan di lembah pegunungan sangat menakjubkan para wisatawan yang datang ke sana.
산 계곡 경치의 아름다움은 그곳을 방문한 관광객들을 매우 감탄하게 했다.

2) lari(달리다, 뛰다)와 tangis(울다)는 동사이지만 여기에 -nya가 붙은 형태인 larinya tangisnya는 전성명사이다.

Atlet dari Papua lari*nya* sangat memukau penonton dan berhasil memecahkan rekor dunia.
파푸아 출신의 육상선수의 달리기는 관객들을 감동시켰고 세계기록을 깨는데 성공했다.

Tangis*nya* wanita itu amat menyayat hatiku.
그녀의 울음은 나의 마음을 아프게 했다.

3 목적격의 기능을 하는 3인칭대명사 dia의 전접어로 사용된다.

Direktur itu mengangkat*nya* sebagai manajer personalia baru untuk menggantikan yang telah memasuki masa pensiun.
이사는 그를 은퇴한 사람의 후임 인사과장으로 임명하였다.

Narkotik membunuh*nya* perlahan-lahan tapi pasti.
마약은 그를 천천히 하지만 확실히 죽였다.

Semua harta warisan akhirnya jatuh kepada*nya*.
모든 유산이 마침내 그에게 돌아갔다.

Kutulis rangkaian kata ini untuk*nya* seorang.
나는 그 한 사람을 위하여 이 글을 썼다.

4 문맥상 앞에 나온 어구를 가리키는(조응적인) 표지로 사용한다.

Bila Anda pulang ke desa, jangan lupa oleh-oleh*nya*.
고향에 올 때 선물 잊지 말아요.

Rumah yang baru kubeli ini, tembok*nya* retak-retak.
내가 새로 구입한 이 집은 벽에 금이 갔습니다.

5 -nya가 접미되어 부사를 형성한다.

Barang dagangan ini tidak akan dijual kepada orang lain, *seandainya* Anda benar-benar berminat.
만약 당신이 정말 관심이 있다면 이 물건을 다른 사람에 팔지 않겠습니다.

Ia tidak jadi datang hari Minggu, melainkan keesokan *harinya*.
그는 일요일에 오지 않고 그다음 날 오게 되었다.

Saya *sebenarnya* kurang setuju dengan pendapat ayah.
나는 사실 아버지의 견해에 동의하지 않는다.

6 -nya가 접미되어 지시어의 기능을 한다.

Rumah itu bergaya bangunan Eropa, *jendelanya* besar-besar.
그 집은 서양풍인데 그 창이 크다. (nya=rumah itu)

Siang hari desa sepi, *penghuninya* pergi mencari kayu ke hutan.
낮에는 마을이 조용한데 그 주민들이 산으로 땔감을 구하러 간다.(nya=desa itu)

7 접두사 se-와 함께 최상급을 만든다.

Semahal-mahalnya harga beras, aku masih mampu membeli untuk persediaan selama satu bulan.
쌀값이 아무리 비싸도 나는 아직 한 달 동안 먹을 양을 능히 살 수 있다.

Segalak-galaknya harimau tak akan menerkam anaknya sendiri.
호랑이가 아무리 사나워도 자기 새끼는 덮치지 않는 법이다.

연습문제

I. 다음 문장을 우리말로 옮기시오.

1. Eti menulis surat kepada anaknya.

2. Cantiknya gadis itu sulit dicari tandingannya.

3. Dia menyerangnya dari belakang.

4. Gunung Baekdu setinggi-tingginya di semenanjung Korea.

5. Dodi paling pintar di dalam kelasnya.

속담 한마디

Air laut pun ada pasang surutnya.

- 바닷물도 간만이 있다/사업을 하다 보면 성공도 하고 실패도 할 수 있다.

문화 사랑방

발리의 원숭이들

발리는 풍광도 좋고 볼거리도 많은 휴양지이다. 발리에 힌두교 사원이 많은데 울루와뚜(Uluwatu) 등의 사원에 가면 원숭이를 조심해야 한다. 순식간에 달려들어 관광객이 소지하고 있는 안경 등의 소지품을 낚아채가기 때문이다. 그런데 이 원숭이들은 인근의 발리 주민들이 종용하면 소지품을 돌려준다. 그 대신 그 원숭이들은 바나나 등을 얻어먹는다. 소지품 주인은 원주민들에게 감사의 말과 함께 약간의 사례를 할 수 밖에 없다.

Pelajaran

24

등위접속사

INDONESIA

어휘공부

menuju	로 향하여
melanjutkan	계속하다
bandara	공항(bandar + udara)
pesawat	비행기
memeriksa	조사하다, 검사하다
pegawai	직원
	*pegawai negeri 공무원
imigrasi	이민국(ⓜ imigresen)
bea cukai	세관
	*bebas cukai 면세
terlarang	금지된
langsung	곧바로, 직접
menjemput	마중 나가다, 데리러 가다
kendaraan	차량, 탈 것
mogok	(차량 등이)고장난
sopir	운전기사(ⓜ supir)
mengira	~라고 생각하다
kadang-kadang	가끔
penduduk	인구, 주민
mewah	사치스러운, 호화로운
terpelajar	교육을 받은, 교양있는

텍스트

Saya tiba di Jakarta.

Tanggal 15 April Sangwoo sudah meninggalkan Seoul menuju Jakarta. Dia akan melanjutkan studinya di Fakultas Ilmu Pengetahuan Budaya, Universitas Indonesia. Dia naik pesawat selama tujuh jam. Di bandara Soekarno-Hatta dia diperiksa oleh pegawai imigrasi dan bea cukai. Karena dia tidak membawa barang-barang terlarang, dia langsung keluar dari bandara.

Keluarga Soepomo tidak bisa menjemput dia, karena waktu itu kendaraan mereka mogok. Maka, Sangwoo naik taksi ke Kebayoran Baru. Sopir taksi mengira dia orang Jepang. Bapak dan Ibu Soepomo berasal dari Semarang, Jawa Tengah, dan mereka mempunyai dua orang anak. Yang pertama seorang wanita, namanya Kartini. Dia umurnya 18 tahun dan sekarang duduk di kelas tiga SMA. Adiknya seorang lelaki, namanya Kartono. Kartono baru berumur 15 tahun, dan masih sekolah di SMP. Kartini sering menolong Sangwoo. Dia kadang-kadang membelikan buku petunjuk kota, majalah dan sebagainya.

Jakarta adalah ibu kota Indonesia. Kota ini jauh lebih besar dan lebih ramai daripada kota-kota lain di Indonesia. Penduduknya ada kira-kira 12 juta. Toko-toko di Jakarta umumnya dibuka dari jam 10 pagi sampai dengan 8 malam. Di Jakarta ada banyak mal besar dan mewah seperti Plaza Senayan, Plaza Indonesia, dan Pondok Indah Mal. Tukang becak, sopir taksi, kondektur bus, pelayan toko, dan sebagainya biasanya tidak bisa berbicara bahasa Inggris. Karena itu Sangwoo harus bisa berbahasa Indonesia. Bahasa Inggris kadang-kadang dipakai, tetapi hanya oleh orang-orang besar atau orang-orang yang terpelajar. Sangwoo suka tinggal di Jakarta.

우리말로 옮기기

나는 자카르타에 도착했습니다.

상우는 4월 15일 서울을 출발하여 자카르타로 향했습니다. 그는 인도네시아대학교 문과대학에서 학업을 계속할 예정입니다. 그는 일곱 시간 동안 비행기를 탔습니다. 상우는 수카르노-핫타 공항에서 이민국과 세관 직원의 조사를 받았습니다. 그는 반입금지 품목을 가지고 가지 않았기 때문에 공항에서 곧바로 나왔습니다. 수뽀모 씨 가족은 차가 고장 나서 상우를 마중 가지 못했습니다. 그래서 그는 택시를 타고 꺼바요란 바루로 갔습니다. 택시 기사는 그를 일본인으로 생각했습니다. 수뽀모씨 부부는 중부 자바의 스마랑 출신이고 아이가 둘입니다. 첫째는 딸이고 이름은 까르띠니입니다. 나이는 열여덟 살이고 고등학교 3학년입니다. 그의 동생은 남자이고 이름은 까르또노입니다. 그는 열다섯 살이고 아직 중학생입니다. 까르띠니는 상우를 자주 도와줍니다. 그녀는 가끔 도시 안내 책자, 잡지 등을 상우에게 사줍니다. 자카르타는 인도네시아의 수도입니다. 이 도시는 인도네시아의 다른 도시들보다 훨씬 더 크고 붐빕니다. 자카르타의 인구는 천이백만 명 정도입니다. 자카르타의 가게들은 대개 아침 10시부터 오후 8시까지 영업합니다. 자카르타에는 플라자 스나얀, 플라자 인도네시아, 뽄독 인다 몰과 같이 크고 호화스러운 백화점이 많습니다. 베짝꾼, 택시 기사, 버스 차장, 가게 점원 등은 대개 영어를 못합니다. 그래서 상우는 인도네시아어를 할 수 있어야 합니다. 영어는 고위직에 있는 사람이나 교육을 받은 사람들이 가끔 사용합니다. 상우는 인도네시아에서 사는 것을 좋아합니다.

해설 | 등위접속사

등위접속사는 단어, 구, 절, 그리고 문장을 동등하게 접속시킨다.

1 dan, begitu juga, serta, lagi : 그리고, ~도, 역시

Eti *dan* Dodi pergi menonton film.
에띠와 도디는 영화를 보러 갔다.

Siti seorang pegawai negeri, *begitu juga* Samsul.
시띠는 공무원인데, 삼술도 그렇다.

Putra mahkota *serta* anak buahnya pergi berburu ke Gunung Tangkubanparahu.
황태자와 그의 부하들은 땅꾸반빠라후산으로 사냥하러 갔다.

Maman ganteng *lagi* pintar.
마만은 잘생긴 데다 영리하다.

2 kemudian, lalu, lantas : 그다음에, ~한 후에

Dadan masuk ke kamar, *kemudian* berganti baju.
다단은 방으로 들어가서 옷을 갈아입었다.

Paman saya mendekati saya, *lalu* menegur saya.
아저씨가 나에게 다가와 말을 걸었다.

Sesudah berenang, *lantas* mereka makan dengan lahap.
수영을 한 후 그들은 게걸스럽게 식사했다.

3 baik ~ maupun ~ : ~뿐만 아니라 ~도 역시

Baik Sangwoo *maupun* Jongsu bisa berbahasa Indonesia.
상우뿐만 아니라 종수도 역시 인도네시아어를 할 수 있다.

Baik Pulau Bali *maupun* Pulau Lombok merupakan objek wisata Indonesia yang terkenal.
발리뿐만 아니라 롬복은 인도네시아의 유명한 관광지이다.

4 tetapi, melainkan, sedangkan, padahal : 그러나, ~이 아니고, 하지만, 반면에, 하지만 실은

Orang itu kaya sekali, *tetapi* kikir.
그 사람은 매우 부자이지만 인색하다.

Bukan dia yang bersalah, *melainkan* saya.
잘못된 것은 그가 아니라 바로 나다.

Ibnu seorang dokter, *sedangkan* adiknya pengacara.
입누는 의사인 반면 그의 동생은 변호사이다.

Bagaimana saya dapat membantu Anda, *padahal* saya sendiri kekurangan.
나 자신도 부족한데 어떻게 당신을 도울 수 있습니까.

5 kecuali~ : ~을 제외하고

Tidak ada menghiraukannya *kecuali* keluarganya sendiri.
그 자신의 가족을 제외하고 그에게 관심을 갖는 사람이 없었다.

Ia berolahraga setiap hari *kecuali* hari Minggu.
그는 일요일을 빼고 매일 운동한다.

연습문제

I. 다음 접속사를 사용하여 문장을 만드시오.

1. kecuali

2. melainkan

3. baik ~ maupun

4. begitu

5. padahal

속담 한마디

Tak Kenal maka tak sayang.

알지 못하면 사랑하지 못 한다/상대방이나 대상에 대하여 잘 알아야 좋아할 수 있다.

문화 사랑방

그림자극(Wayang Kulit)

이 지역의 중요한 문화유산 중의 하나가 그림자극(Wayang Kulit)이다. 이 그림자 극은 여러 종류의 인형을 불빛에 비추어 그 그림자가 장막에 나타나게 하면서 달랑(dalang)이라고 하는 변사가 스토리를 말해주는 형식이다. 이야기는 주로 라마야나나 마하바라타를 윤색한 내용이며 저녁내 공연을 한다.

Pelajaran

25

종속접속사

INDONESIA

어휘공부

kopor	여행 가방
jumlah	합계
khawatir	염려하다
segera	즉시, 곧바로
berangkat	출발하다
baru	지금 막

텍스트

Walaupun pulang, jangan lupa.

Tono : Apa ini kopor-kopormu, Sangwoo?

Sangwoo : Ya, jumlahnya ada 3. Apa Yvonne sudah datang?

Tono : Sudah.

Sangwoo : Di mana dia sekarang?

Tono : Dia sedang berbicara dengan Sdr. Dodi. Jangan khawatir, dia akan datang ke sini dengan segera. Berapa kilo beratnya barang-barangmu?

Sangwoo : Semuanya, 30 kilo. Saya harus membayar ekstra kira-kira dua ratus ribu rupiah.

Tono : Jam berapa pesawatmu berangkat?

Sangwoo : Jam 10.15. Ini Yvonne datang. Dari mana kamu?

Yvonne : Saya baru membeli ini untukmu. Walaupun meninggalkan Jakarta, jangan lupa sering-sering menulis surat dari Korea, ya Sangwoo?

Sangwoo : Tentu saja. Dan baik-baiklah di sini. Selamat tinggal.

Tono : Selamat jalan.

우리말로 옮기기

떠나가도 잊지는 말아요.

또노 : 이게 네 가방이야, 상우?

상우 : 그래, 모두 세 개야. 이본은 왔니?

또노 : 왔어.

상우 : 지금 어디 있지?

또노 : 지금 도디와 이야기 하고 있어. 걱정 마. 곧 이쪽으로 올 거야. 네 짐이 모두 몇 킬로그램이지?

상우 : 모두 30킬로그램이야. 엑스트라 차지를 20만 루피아는 내야겠네.

또노 : 비행기가 몇 시에 출발하지?

상우 : 10시 15분. 이본이 오네. 너 어디서 오는 거야?

이본 : 너 주려고 이걸 샀어. 비록 자카르타를 떠나지만 서울에서 편지 자주 하는 것 잊지마.

상우 : 물론이지. 너희들도 잘 있어야 해. 안녕.

또노 : 잘 가.

해 설 | 종속접속사

종속접속사는 단어, 구, 절, 그리고 문장을 종속적으로 연결한다.

1 ketika, sewaktu, apabila, tatkala, sementara, selama : ~할 때, ~하는 동안

Ayah saya meninggal dunia *ketika* saya belajar di luar negeri.
내가 외국에서 공부할 때 아버지가 돌아가셨다.

Mereka mengunjungi rumah saya *sewaktu* saya pergi.
내가 외출했을 때 그들이 우리 집을 방문했다.

Ia berteriak kegirangan *apabila* mendengar kesebelasan Korea menang.
한국 축구팀이 승리했다는 소식을 듣고 그는 기뻐서 소리 질렀다.

Tatkala ia masih muda, ia sudah menjadi anggota DPR.
그는 어렸을 때 이미 국회의원이 되었다.

Sementara saya membersihkan kamar, ibu menanak nasi.
내가 방을 청소하는 동안 어머니는 밥을 지었다.

Selama saya berada di Malaysia, dia sudah menikah.
내가 말레이시아에 있을 때 그는 이미 결혼했다.

2 sambil, seraya : ~하면서

Sambil menyelam minum air.
잠수하며 물 마시기(일석이조).

Utusan raja itu menghadap raja *seraya* berdatang sembah.
왕의 사신은 경의를 표하며 왕을 알현했다.

3 sebelum : ~하기 전에

Jangan makan banyak *sebelum* tidur.
자기 전에 많이 먹지 마라.

Sebelum pulang kerja, ia memberi arahan kepada manajer.
퇴근하기 전에 그는 과장에게 지침을 주었다.

4 sesudah, setelah : ~한 후에

Sesudah makan siang, ia terus bermain tenis.
점심 식사 후에 그는 계속해서 테니스를 쳤다.

Saya akan menghubungi Anda *setelah* Jumatan.
금요예배가 끝난 후 연락드리겠습니다.

5 begitu, demi : ~하자마자

Begitu ia masuk ke dalam kantor, mereka bertepuk tangan.
그가 사무실에 들어오자마자 그들은 박수를 쳤다.

Ia berteriak kegirangan *demi* membaca namanya tercantum di papan pengumuman.
게시판에 그의 이름이 포함된 것을 알고 그녀는 기뻐서 소리쳤다.

6 karena, sebab, lantaran : ~ 때문에

Yanto tidak masuk kerja *karena* sakit kepala.
얀또는 두통 때문에 출근하지 않았다.

Dodi mengantuk *sebab* kurang tidur tadi malam.
도디는 엊저녁에 잠을 못 자서 졸립다.

Lantaran sakit, dia tidak datang.
그는 아파서 못 왔다.

7 sehingga, maka, jadi : 그래서

Setelah diberi obat, *sehingga* orang itupun pulang.
치료를 받은 후에 그 사람은 귀가했다.

Ayah saya sudah tua, *maka* penglihatannya kurang baik.
나의 아버지는 연로하셔서 시력이 안 좋다.

Sang Kuriang jatuh cinta pada Dayang Sumbi, *jadi* dia melamar kepadanya.
상 꾸리앙은 다양 숨비에게 반해서 그녀에게 청혼했다.

8 walaupun, meskipun, sungguhpun, biarpun, kendatipun : 비록 ~이지만

Walaupun gajinya besar, ia selalu kekurangan.
비록 봉급이 많지만 그녀는 항상 부족했다.

Kakek saya rajin sekali membaca buku-buku cerita, *meskipun* ia sudah tua.
비록 이미 늙으셨지만 우리 할아버지는 항상 소설책을 즐겨 읽으신다.

Sungguhpun tidak kaya, hidupnya selalu senang.
비록 부자는 아니지만 그의 삶은 항상 행복했다.

Eti tetap bekerja *biarpun* badannya kurang enak hari ini.
비록 오늘 몸이 좀 안 좋았지만 에띠는 계속 일했다.

Kendatipun banyak yang tidak hadir, rapat dilangsungkan juga.
비록 많은 사람들이 불참했지만 회의는 개최되었다.

9 bahwa : ~하는(영어 접속사 that)

Menteri menerangkan *bahwa* gula akan dibagikan kepada rakyat.
장관이 설탕을 국민들에게 분배하겠다고 설명했다.

Ia tidak tahu *bahwa* hari sudah malam.
그는 벌써 밤이 되었는지 몰랐다.

10 supaya, agar : ~하도록

Diumumkan kepada seluruh penduduk *supaya* hati-hati memakai gas.
가스 사용에 주의를 기하라고 모든 주민들에게 알리시오.

Lekas tidur *agar* kamu tidak terlambat besok.
내일 늦지 않도록 일찍 자거라.

11 sejak, semenjak : ~ 이래로

Kami diam di sini *sejak* zaman Belanda.
우리는 네덜란드 시대부터 이 곳에 살았다.

Semenjak ia pindah ke Surabaya, tak pernah aku bertemu dengannya.
그녀가 수라바야로 옮긴 후 나는 그녀를 만난 적이 없다.

연습문제

I. 빈칸에 적당한 접속사를 넣으시오.

1. ________ kereta api datang, orang tidak boleh masuk stasiun.

2. ________ Perang Dunia II pecah, ia masih bersekolah di Belanda.

3. ________ semua orang tahu, di mana-mana diadakan pengumuman.

4. Baik ayahnya ________ ibunya berasal dari keluarga bangsawan.

5. Lama kami bercakap-cakap ________ minum kopi.

6. Ia pulang ________ habis bekerja.

7. Dia bisa bermain piano ________ kecil.

8. Dodi masuk kerja ________ dia sakit keras.

9. Polisi harus segera diberitahu ________ ada kecelakaan.

10. Kendaraan tidak boleh lewat ________ jalan sedang diperbaiki.

속담 한마디

Seperti katak di bawah tempurung.

- 야자 껍질 밑의 두꺼비/우물 안 개구리, 마음이 옹졸한 사람

문화 사랑방

사적인 문제에 관한 질문 실례

말레이시아나 인도네시아에서도 아직 친해지지 않은 사람에게 상대방의 나이, 결혼 유무 등 신상에 관한 질문을 하는 것은 실례가 된다. 동부 자바의 빠수루안(Pasuruan) 지역에 투자한 한국 기업을 방문한 적이 있는데 한국 직원이 부하직원의 봉급이 얼마인지 말했다가 당사자로부터 싫은 소리를 들은 것이 생각난다. 우리나라 사람들이 정이 많아서 그런지 처음 보는 상대방에 대하여 많이 알려고 하는데 사실은 금기할 사항 중의 하나이다.

Pelajaran

26

접미사 -kan

INDONESIA

어휘공부

berlibur	휴가를 보내다, 방학을 보내다
akhir	끝, 마지막
	*akhir bulan 월말
semester	학기
	*semester ganjil 1학기
	*semester genap 2학기
mampu	~능히 할 수 있는,
bertamasya	여행가다, 소풍 가다, 놀러 가다
melakukan	행하다
sehari-hari	매일(setiap hari, saban hari)
losmen	여관
berkeliling	돌아다니다
pantai	해변
berjemur	일광욕하다
bawah	밑, 아래
sinar	빛
matahari	태양
berenang	수영하다
	*kolam renang 수영장
laut	바다
	*Angkatan Laut 해군
enak	맛있는(=sedap, lezat)

텍스트

Orang Bali menyewakan sepeda motor.

Di Indonesia mahasiswa berlibur dua kali setahun. Biasanya mereka mendapat liburan pada akhir semester pertama dan pada akhir semester kedua. Semester pertama biasanya mulai pada bulan September dan berakhir pada bulan Desember. Sesudah semester pertama berakhir, mereka berlibur selama dua bulan. Kemudian semester kedua mulai pada bulan Maret dan berakhir pada bulan Juni. Lalu mereka berlibur selama dua bulan. Selama liburan, kalau keluarganya cukup mampu, mereka biasanya bertamasya. Kalau tidak, mereka tinggal di rumah dan membantu orang tua melakukan pekerjaan sehari-hari.

Anwar adalah seorang mahasiswa Universitas Airlangga di Surabaya. Kadang-kadang, pada waktu liburan, dia pergi ke Bali dengan teman-temannya. Mereka tinggal di sana selama satu minggu. Mereka naik bus dari Surabaya ke Banyuwangi, kemudian naik kapal laut ke Gilimanuk. Dari sana mereka naik bus lagi ke Denpasar. Di Denpasar mereka tinggal di losmen. Untuk berkeliling kota dan ke tempat-tempat wisata mereka menyewa sepeda motor. Orang-orang Bali menyewakan sepeda motor dengan murah. Anwar lebih suka pergi ke pantai untuk berjemur di bawah sinar matahari dan berenang di laut. Setelah itu, mereka makan malam di pantai. Makanan Bali semuanya enak sekali.

우리말로 옮기기

발리 사람들은 오토바이를 빌려줍니다.

인도네시아 대학생들은 일 년에 두 번 방학이 있습니다. 그들은 대개 매 학기 말에 방학을 얻습니다. 1학기는 9월에 시작하여 12월에 끝납니다. 1학기가 끝나고 그들은 두 달 간의 방학을 맞습니다. 그리고 둘째 학기는 3월에 시작하여 6월에 끝납니다. 그리고 두 달간의 방학이 됩니다. 방학 동안에 가정이 윤택한 학생들은 여행을 갑니다. 그렇지 못한 학생들은 집에서 부모님들의 일상적인 일을 도와줍니다.
안와르는 수라바야에 있는 아이를랑가대학의 학생입니다. 그는 방학이 되면 친구들과 함께 가끔 발리에 갑니다. 그들은 그곳에서 일주일 동안 머뭅니다. 그들은 버스로 수라바야에서 반유왕이로 간 다음, 배를 타고 길리마눅으로 갑니다. 그곳에서 버스를 다시 타고 덴빠사르로 갑니다. 덴빠사르에서는 여관에서 잡니다. 시내와 관광지를 돌아다니기 위해서 그들은 오토바이를 빌립니다. 발리 사람들은 싼 값에 오토바이를 빌려줍니다. 안와르는 햇볕 아래서 일광욕을 하거나 바다에서 수영을 하기 위하여 해변으로 가는 것을 더 좋아합니다. 그리고 그들은 해변에서 저녁 식사를 합니다. 발리 음식은 모두 맛있습니다.

해 설 | 접미사 -kan

접미사 -kan은 명사, 형용사, 동사와 결합하여 타동사의 기능을 갖는데 그 형태는 ber - kan도 있으나 대개 me - kan의 형태로 활용된다. me - kan 형태의 동사는 접두사 me- 만 붙은 형태와 변별적인 의미를 갖는데 이를 학습해 본다.

1 대개 사역의 의미로서 <~하게 만들다>, <~로 되게 하다>, <~의 원인이 되다>의 의미를 갖는다.

Dia sedang mandi. 그는 목욕 중이다.

Dia sedang *memandikan* anaknya. 그는 아이를 목욕시킨다.

Saya membesar di Seoul. 나는 서울에서 자랐다.

Orang tua saya berusaha keras untuk *membesarkan* saya sehingga menjadi dewasa dan dapat mencari nafkah sendiri.
나의 부모님은 내가 어른이 되어 자립할 수 있도록 나를 열심히 키웠다.

Kerajaan Padjadjaran sangat aman. 빠자자란 왕국은 매우 평화스러웠다.

Sungging Perbangkara *mengamankan* kerajaan itu.
숭깅 뻐르방까라가 그 왕국을 평화롭게 만들었다.

Ini sebuah akibatnya. 이것이 그 결과이다.

Senjata Arjuno *mengakibatkan* kematian Karno.
아르주노의 무기가 까르노의 죽음을 초래했다.

Dia mengantuk sekarang. 그는 지금 졸고 있다.

Ceramah orang itu *mengantukkan* saya.
그 사람의 강연이 나를 졸리게 만들었다.

Kamar adik saya kotor. 내 동생의 방이 더럽다.

Adik saya *mengotorkan* kamarnya. 내 동생이 그의 방을 더럽혔다.

Saya bangun pada pukul enam. 나는 여섯 시에 일어난다.

Ibu saya *membangunkan* saya pada pukul enam.
어머니가 나를 여섯 시에 깨웠다.

2 다음의 경우처럼 <~에게 ~을 해주다>의 의미로 사용된다.

Saya membeli tas itu di Pasar Minggu.
나는 빠사르 밍구에서 그 가방을 샀다.

Ibu saya *membelikan* saya komputer baru.
어머니가 나에게 새 컴퓨터를 사주었다.

Saya sudah membaca novel Bumi Manusia.
나는 소설 '인간의 대지'를 읽었다.

Saya *membacakan* kakek cerita rakyat Sang Kuriang.
나는 할아버지께 민담 '상 꾸리앙'을 읽어드렸다.

3 <~에 관한>의 뜻을 가진 전치사를 대신한다.

Mereka sedang berbicara tentang kemakmuran bangsa dan negara.
그들은 지금 민족과 국가의 번영에 관하여 이야기하고 있다.

Mereka sedang *membicarakan* kemakmuran bangsa dan negara.
그들은 지금 민족과 국가의 번영에 관하여 이야기하고 있다.

4 위에서 언급한 의미 이외에도 <~로 여기다>, <~으로 사용하다>, <~에 넣다> 등의 의미로도 쓰인다.

> Dalam setiap pertandingan, kita tidak boleh *memudahkan* lawan.
> 매 경기마다 우리는 상대를 쉽게 여기면 안 된다.
>
> Anda tidak boleh *menggergajikan* pisau ini.
> 당신은 이 칼을 톱처럼 사용하면 안 된다.
>
> Wiranggaleng *menyarungkan* pedangnya.
> 위랑갈렝은 칼을 칼집에 넣었다.

5 다음의 동사들은 의미를 정확히 구별하여 사용해야 한다.

meminjam	빌다
meminjamkan	빌려주다
menyewa	세를 얻다
menyewakan	세를 내주다
meninggal	사망하다
meninggalkan	~에서 떠나다

연습문제

I. 다음 단어를 사용하여 문장을 만드시오.

1. menyewa

2. membesar

3. memandikan

4. membangunkan

5. membelikan

6. membicarakan

7. mengakibatkan

8. mengantukkan

9. menyarungkan

10. membukakan

속담 한마디

Berat sama dipikul, ringan sama dijinjing.

- 무거운 것은 함께 메고 가벼운 것은 함께 들자/상부상조

문화 사랑방

도착과 입국

어느 나라를 막론하고 입국심사대의 공무원들이 깐깐한 것이 사실이다. 그들의 자존심이 있기 때문이다. 인도네시아의 경우에는 공항에 도착하여 도착 비자를 받는다. 입국심사대를 통과할 때 이민국 공무원의 질문이나 지시에 잘 따르는 것이 좋다. 수하물을 찾을 때 카트를 끌고 와서 도움을 주겠다는 사람들이 있는데 필요하면 이용한 후 약간의 팁을 주면 된다. 입국 시 박스 형태로 짐을 포장한 경우에는 대개 세관원의 철저한 검사를 받게 된다.

Pelajaran

27

접미사 -i

INDONESIA

어휘공부

dilahirkan	태어나다(=lahir)
acara	계획, 프로그램
museum	박물관(ⓜ muzium)
menemani	친구 해주다, 함께 가다
marilah kita	자 ~ 합시다(mari, mari kita)
terlambat	늦은
jangan	~하지 마시오
terserah	맡기다, 알아서 하다
mencarikan	찾아주다
oleh-oleh	선물
kasihan	안된, 안타까운

텍스트

Saya menemani Anda.

Sangwoo : Tini berasal dari mana?

Tini : Saya dilahirkan di Jakarta, tetapi orang tua saya berasal dari Semarang.

Sangwoo : Hari ini Tini mau ke mana?

Tini : Tidak ke mana-mana. Dan apa acara Sangwoo hari ini?

Sangwoo : Sebetulnya saya ingin melihat museum, tetapi tidak ada temannya. Dapatkah Tini menemani saya?

Tini : Baiklah. Marilah kita pergi sekarang sebelum museum tutup. Supaya tidak terlambat, kita jangan naik becak. Mari kita naik bus saja.

Sangwoo : Terserah, tetapi jangan lupa kita nanti harus mencarikan adik Anda oleh-oleh. Kasihan dia harus tinggal di rumah sendiri.

Tini : Terima kasih.

우리말로 옮기기

내가 친구 해줄게요.

상우 : 띠니는 어디 출신입니까?

띠니 : 나는 자카르타에서 태어났지만 부모님 고향은 스마랑입니다.

상우 : 오늘 띠니는 어디에 갑니까?

띠니 : 아무데도 안 갑니다. 오늘 상우 씨의 계획은 무엇입니까?

상우 : 사실은 오늘 박물관을 관람하고 싶은데 친구가 없습니다. 띠니가 함께 가줄 수 있습니까?

띠니 : 좋아요. 박물관 문 닫기 전에 갑시다. 늦지 않기 위해서 베짝을 타지 말고 버스를 타고 가요.

상우 : 알아서 해요. 있다가 당신 동생 선물 사는 것을 잊지 말아요. 집에만 있으니 안됐잖아요.

띠니 : 고마워요.

해 설 | 접미사 -i

접미사 -i는 명사, 형용사, 동사와 결합하여 타동사의 기능을 갖는데 그 형태는 대개 <me -i> 의 형태로 활용된다. 그 의미는 대개 다음과 같이 분류할 수 있다.

1 동사와 결합하여 장소를 나타내는 전치사를 대신한다.

Eti *menduduki* kursi saya.
에띠는 내 의자에 앉았다.

Hasan *memasuki* kamarnya sesudah makan malam.
저녁 식사 후에 하산은 그의 방으로 들어갔다.

2 명사와 결합하여 <주다>, <만들다>의 의미를 표시한다.

Tono *melayani* para tamu dengan baik.
또노는 손님들을 잘 접대했다.

Ayah *memagari* pekarangannya dengan bambu.
아버지는 대나무로 마당 울타리를 쳤다.

Guru *menasehati* muridnya.
선생님이 학생에게 충고했다.

3 <수차례>, <여러 번>, 또는 <다수에 의한 행동>의 의미를 나타낸다.

Dia *memukuli* anjing itu.
그는 그 개를 마구 때렸다.

Wartawan *mengerumuni* Menteri Luar Negeri yang baru tiba dari Jakarta.
기자들이 자카르타에서 막 도착한 외교부 장관에게 몰려들었다.

4 형용사와 결합하여 <~이 되게 만들다>의 의미를 갖는다.

Kita tidak akan *mengurangi* kewaspadaan kita.
우리는 우리의 경계심을 늦춰서는 안 된다.

Matahari *memanasi* bumi.
태양이 대지를 뜨겁게 달구었다.

* <접미사 -kan>과 <접미사 -i>는 이 이외에도 여러 가지 의미를 가질 수 있다. 이러한 기능을 분류하고 암기하기 보다는 이러한 접미사를 동반하는 단어를 개별 어휘로 생각하고 그 의미를 숙지하는 것이 오히려 효과적이다.

연습문제

I. 다음 괄호 안의 단어를 문장의 의미에 적합하도록 me(di)-kan 혹은 me(di)-i의 형태로 바꾸시오.

1. Warisan itu harus kamu (kembali) kepada ibumu.

2. Apa tahanan itu sudah (bebas) oleh pemerintah?

3. Pelayan yang (layan) kami mempunyai suara yang halus.

4. Dialah yang sering tidak (tepat) janjinya.

5. Tolong (bangun) saya besok jam 6.

6. Kantor yang (kepala) oleh ahli purbakala itu bersih.

7. Pikiran yang (usul) oleh pengkritik itu sangat sederhana.

8. Dia merupakan pangeran yang (cinta) putri cantik dari Padjadjaran.

9. Kalau kamu mempunyai kemauan keras, kamu tidak akan (pulang) oleh mereka.

10. Pekerjaan ini harus kamu (selesai) sebelum kamu pulang.

11. Mungkin jumlah tentara yang ada di daerah itu harus (kurang).

12. Kami bisa (nikmat) lagu kebangsaan itu, kalau kami tahu iramanya.

13. Apa anakmu sudah kamu (mandi) ?

14. Kita harus (hormat) orang yang mendidik kita.

15. Jelaslah bahwa orang yang sakit itu harus segera (obat)

속담 한마디

Mengabui mata orang.

- 다른 사람 눈에 재를 뿌리다/남의 눈을 속이다.

문화 사랑방

산뜨리(santri)와 끄자웬(kejawen)

자바의 사회계층은 그들이 신봉하는 이슬람의 신앙심 정도에 따라 산뜨리(santri)와 끄자웬(kejawen)으로 나눈다. 전자는 독실하게 이슬람교를 믿으며 이슬람교리를 충실하게 실천한다. 후자는 비록 예배와 금식을 충실히 행하지 않고 메카 성지 순도 필수 불가결한 것으로 생각하지는 않지만 여전히 자신들이 이슬람교리를 따른다고 믿는 계층이다.

Pelajaran 28

양분접사 ke-an

INDONESIA

어휘공부

perjalanan	여정, 여행
menyenangkan	즐겁게 만들다, 기쁘다
bermaksud	~할 의도가 있다
kedengaran	들리다, 들려오다
bermacam-macam	여러 종류의
berteriak	소리 지르다
ketakutan	두려운
mengejar	추격하다, 쫓다
arca Buddha	불상

텍스트

Mengunjungi Candi Borobudur

Perjalanan kami ke Candi Borobudur kemarin sungguh menyenangkan. Kami berlima naik sepeda. Kami bermaksud akan berangkat dari rumah sebelum pukul tujuh pagi. Tetapi karena saya bangun kesiangan, saya masih berada di kamar mandi, ketika Tono, Yanto, Udin dan Ramli datang ke rumah saya. Suara mereka sudah kedengaran ketika mereka masih ada di jalan. Mereka juga kelihatan dari kamar mandi, karena jendela kamar mandi itu saya buka sedikit. Kami baru dapat berangkat pada jam delapan. Dalam perjalanan, kami bercakap-cakap tentang bermacam-macam hal.

Yanto bercerita bahwa dia hampir tidak dapat tidur malam sebelumnya karena rumah tetangganya kemasukan pencuri. Untung pencuri itu belum dapat mengambil apa-apa karena nyonya rumah bangun ketika anaknya yang masih bayi menangis. Mungkin bayi itu menangis karena kedinginan. Pencuri itu dengan cepat berlari dari rumah itu. Nyonya rumah berteriak karena ketakutan. Tetangga-tetangga bangun dan mencoba mengejar pencuri. Tetapi pencuri sudah menghilang. Yanto berkata bahwa ia kehilangan uangnya ketika ikut mengejar pencuri itu. Tono dan Udin hanya tertawa mendengar cerita Yanto.

Karena dalam perjalanan itu kami banyak bercakap-cakap, kami tidak merasa cape. Dari jauh Candi Borobudur sudah kelihatan karena candi itu dibangun di atas sebuah bukit. Setelah berhenti sebentar di Candi Mendut, yang letaknya tidak begitu jauh dari Candi Borobudur, kami melanjutkan perjalanan kami. Di dalam candi Mendut terdapat arca Buddha yang besar sekali. Sayang sekali candi ini sudah agak rusak. Ada lagi sebuah candi kecil yang kami kunjungi sebelum sampai di Candi Borobudur. Candi ini disebut Candi Pawon.

Pada waktu kami tiba di Candi Borobudur, hari sudah panas sekali. Candi Borobudur sudah berumur lebih dari seribu dua ratus tahun. Candi ini adalah salah satu candi Buddha yang terbagus di dunia. Banyak sekali arca Buddha di candi ini. Sebagian besar arca Buddha ini terletak di dalam stupa yang bentuknya seperti loncang. Pada dinding candi Borobudur dapat dilihat ukiran-ukiran yang menceritakan kehidupan Buddha. Candi ini dibangun bertingkat-tingkat di atas sebuah bukit. Semuanya ada sepuluh tingkat. Dasar candi ini luas sekali, tetapi puncaknya kecil sekali. Ini menggambarkan ajaran Buddha dalam mencapai nirwana. Menurut penyelidikan, Candi Borobudur ini tidak hanya menggambarkan sepuluh tingkat menuju nirwana dalam ajaran Buddha, tetapi juga dipakai sebagai kuburan raja-raja zaman dahulu. Candi ini dikunjungi beribu-ribu orang tiap-tiap tahun. (Dari Learn Indonesian II)

우리말로 옮기기

보로부두르 사원 방문

어제 우리의 보로부두르 사원 방문은 정말 재미있었습니다. 우리 다섯은 자전거를 타고 갔습니다. 우리는 집에서 아침 7시 이전에 출발하려고 하였습니다. 그러나 내가 늦게 일어났기 때문에 또노, 얀또, 우딘, 그리고 람리가 우리 집에 왔을 때 나는 아직 욕실에 있었습니다. 그들이 길에 걸어올 때 그들의 목소리가 들여왔습니다. 내가 욕실의 창문을 조금 열어놓았기 때문에 욕실에서 그들이 보였습니다. 우리는 여덟 시가 되어서야 출발할 수 있었습니다.

가는 도중에 우리는 여러 가지 일에 대하여 이야기했습니다. 얀또는 이웃집에 도둑이 들어 전날 저녁에 잠을 잘 수 없었다고 했습니다. 다행이도 그 집 아이가 울어 여주인이 잠이 깨는 바람에 도둑이 아무것도 훔쳐가지 못했다고 합니다. 그 아이는 아마 추워서 울었을 것입니다. 도둑은 재빨리 도망치고 말았습니다. 그 집 부인은 무서워서 소리를 쳤습니다. 이웃 사람들이 일어나서 도둑을 쫓았습니다. 하지만 도둑은 이미 살아지고 말았습니다. 얀또는 도둑을 쫓아갈 때 돈을 잃어버렸다고 했습니다. 또노와 우딘은 얀또의 이야기를 듣고 웃었습니다.

가는 도중에 이야기를 많이 했기 때문에 우리는 피곤을 잊었습니다. 보로부두르 사원은 산 위에 지었기 때문에 멀리서도 사원이 보였습니다. 보로부두르 사원에서 멀리 않은 곳에 위치한 먼듯 사원에서 잠시 쉬었다가 우리는 계속해서 갔습니다. 먼듯 사원에는 아주 큰 불상이 있습니다. 안타깝게도 이 사원은 이미 붕괴되고 있습니다. 보로부두르 사원에 도착하기 전에 우리는 작은 사원 하나를 더 방문했습니다. 이 사원은 빠원 사원입니다.

우리가 보로부두르 사원에 도착했을 때는 날이 몹시 더웠습니다. 이 사원은 세운 지 이미 천 이백 년이 넘었습니다. 이 사원은 세계에서 가장 멋진 불교 사원 중의 하나입니다. 이 사원에는 불상들이 많습니다. 대부분의 불상들은 종 모양의 스투파 안에 있습니다. 사원의 벽면에는 부처의 생애를 그린 조각들이 있습니다.
이 사원은 언덕 위에 수 개의 층으로 건축되었습니다. 모두 10개의 층입니다. 이 사원의 기층부는 매우 넓지만 봉우리는 작습니다. 이것은 열반에 이르려는 부처의 가르침을 그린 것입니다. 보로부두르 사원은 부처의 가르침 안의 열반을 향하는 10개의 계단을 그린 것뿐만 아니라 지난 시대 왕들의 무덤으로도 사용되었습니다. 이 사원에는 매년 수 만 명의 관광객이 찾아옵니다.

해 설 | 양분접사 ke-an의 의미

양분접사 ke-an은 명사, 형용사, 동사 등과 결합하여 다른 명사를 파생시키거나 형용사의 의미를 강조하기도 하는데 그 의미를 다음과 같이 나눌 수 있다.

1 동사나 형용사와 결합하여 그 동사 고유의 의미를 가지는 명사형을 만든다.

Terima kasih atas *kedatangan* Anda.
와 주셔서 감사합니다.

Kemenangan Korea sangat berarti.
한국의 승리는 매우 의미 있다.

Kecantikannya menarik perhatian saya.
그녀의 아름다움이 나의 관심을 끌었다.

Keamanan daerah ini tidak terjamin.
이 지역의 안전을 보장할 수 없다.

2 형용사와 결합하여 <너무 ~한>의 의미를 갖는다.

Anak itu *kegemukan*.
그 아이는 너무 뚱뚱하다.

Sepatu itu *kebesaran* untuknya.
그 신발은 그에게 너무 크다.

Makanan Padang *kepedasan* bagi saya.
빠당 음식이 나에게는 너무 맵다.

3 피동의 의미로서 <~을 입다, 당하다>의 의미를 나타낸다.

Pakaiannya basah kuyup karena dia *kehujanan*.
그는 비를 맞아서 옷이 흠뻑 젖었다.

Dia harus meninggalkan rumahnya karena rumahnya *kebanjiran*.
홍수가 나서 그는 집을 떠나야 한다.

Mereka *kekurangan* makanan.
그들은 음식물이 부족하다.

4 'lihat'이나 'dengar'같은 동사에 결합하여 <가능>의 의미를 가지며, 'dapat'이나 'tahu'등의 동사에 붙어서 수동의 의미를 나타낸다.

Gedung itu *kelihatan* dari sini.
그 건물이 여기서 보인다.

Tangis anak itu *kedengaran* dari sini.
그 아이의 울음소리가 여기서 들린다.

Hasan *kedapatan* mengisap ganja oleh ibunya.
하산이 대마초 피우는 것을 어머니에게 들켰다.

5 어근에 결합하여 장소를 나타낸다.

Kedutaan Besar Republik Indonesia terletak di Yoido.
인도네시아 대사관은 여의도에 있다.

Kediaman Pak Dubes tidak jauh dari sini.
대사관저는 여기서 멀지 않다.

연습문제

I. 다음 질문에 답하시오.

1. Bagaimana kelima kawan itu pergi ke Candi Borobudur?

2. Mengapa mereka baru dapat berangkat pada pukul delapan?

3. Mengapa Yanto tidak dapat tidur malam sebelumnya?

4. Apa sebabnya nyonya rumah terbangun?

5. Menurut Yanto, apa yang terjadi waktu ia mengejar pencuri itu?

6. Mengapa kawan-kawan Yanto hanya tertawa mendengar ceritanya?

7. Mengapa Candi Borobudur kelihatan dari jauh?

8. Sebelum tiba di Candi Borobudur, mereka berhenti di candi-candi yang mana?

속담 한마디

Bagai buta diberi suluh.

- 장님에게 횃불 준다/불필요한 일을 하다.

문화 사랑방

순다 인의 이름자

서부 자바 지역을 순다(Sunda) 지역이라고도 한다. 반둥이 그 중심지이다. 순다 사람들의 이름자는 중복되는 것이 특징이다. 이를테면 야야 위나르야(Yaya Winarya), 와완 스띠아완(Wawan Setiawan), 아잣 수드라잣(Ajat Sudrajat), 또미 크리스또미(Tommy Christomy) 등과 같이 두 이름자 중에 앞 이름자와 뒤 이름자의 후반부가 동일하다.

Pelajaran

29

양분접사 pe(r)-an

INDONESIA

어휘공부

mengambil	취하다, 얻다, 잡다, 타다
utara	북쪽
perempatan	사거리 *pertigaan 삼거리
gedung	건물(ⓜ bangunan)
membelok	회전하다, 틀다, 돌리다
perhentian	정류장(=halte)
meskipun	비록 ~이지만
kelihatan	보이다
susah	어려운, 힘든
menemani	친구 해주다, 동행하다, 함께 가다
tentu saja	물론

텍스트

Beloklah ke kanan dari perempatan berikut.

Sangwoo : Tini, di mana Biro Pusat Statistik itu?

Tini : Oh, kantor itu ada di Jl. Dr. Soetomo. Sangwoo mau pergi ke sana?

Sangwoo : Ya, saya dipanggil Pak Asdi, tetapi saya tidak tahu jalannya.

Tini : Kalau Sangwoo mau ke sana, ambil saja bus kota dari blok M sampai Lapangan Banteng. Sesudah itu, ambillah Jl. Lapangan Banteng Timur menuju ke utara sampai perempatan Pasar Baru.

Sangwoo : Di mana Pasar Baru itu?

Tini : Kira-kira 400 meter dari perhentian bus Banteng. Setelah sampai di perempatan itu, beloklah ke timur. Jalan itu namanya Jalan Dr. Soetomo.

Sangwoo : Gedung itu di sebelah mana jalan?

Tini : Kira-kira 500 meter dari perempatan itu, di sebelah kanan jalan ada gedung tinggi. Itulah gedung Biro Pusat Statistik.

Sangwoo : Meskipun kelihatannya sangat susah, tetapi saya harus pergi ke sana.

Tini : Kalau Sangwoo mau, adik saya bisa menemanimu.

Sangwoo : Tentu saja mau. Terima kasih.

우리말로 옮기기

다음 사거리에서 우회전 하세요.

상우 : 띠니, 통계청이 어디에 있나요?

띠니 : 아, 잘란 독또르 수또모에 있어요. 그곳에 가려고요?

상우 : 예, 아스디 씨가 보자고 하는데, 길을 잘 모르겠어요.

띠니 : 상우 씨가 그곳에 가려면 블록 엠에서 라빵안 반뗑까지 버스를 타야 해요. 그다음에 라빵안 반뗑 띠무르 길을 따라 빠사르 바루 사거리까지 가면 돼요.

상우 : 빠사르 바루는 어디지요?

띠니 : 반뗑 버스 정류장에서 400미터 정도 떨어져 있어요. 그 사거리에서 동쪽으로 가면 돼요. 그 길 이름은 잘란 독또르 수또모이구요.

상우 : 그 건물은 도로 어느 편에 있나요?

띠니 : 그 사거리에서 500미터 쯤 되는 곳의 길 오른 편에 큰 건물이 있는데 그것이 바로 통계청 건물이지요.

상우 : 매우 어려워 보이지만 나는 그곳에 가야 해요.

띠니 : 상우 씨가 원한다면 내 동생이 함께 갈 수 있어요.

상우 : 원하고 말고요. 고맙습니다.

해 설 | 양분접사 pe(r)-an의 활용

양분접사 pe(r)-an은 명사, 동사, 형용사 등과 결합하여 다른 기능과 의미를 가진 파생명사를 형성한다. 접두사 ber-가 붙는 동사는 per-an, 접두사 me-가 붙는 동사는 pe-명사-an의 형태로 파생명사를 형성하며 그 의미는 다음과 같다.

1 양분접사 per-an는 동작의 사건, 결과, 장소, 도구, 그리고 어근과 관련된 사실을 나타낸다.

Perkembangan kepartaian negara kami berjalan sejak tahun 1945.
우리나라의 정당제도의 발전은 1945년부터 시작되었다.

Pertemuan mereka berlangsung hanya satu jam.
그들의 미팅은 한 시간 동안 진행되었다.

Perjuangan mereka terhadap pihak penjajah luar biasa.
식민통치 당국에 대한 그들의 투쟁은 대단했다.

Itu *perbuatan* yang tidak baik.
그것은 좋지 않은 행동이다.

Nyonya Harun menyelesaikan *pertengkaran* itu dengan tenang.
하룬 부인은 그 논쟁을 조용히 해결했다.

Hasan turun di *perhentian* bus Pasar Senin.
하산은 빠사르 스닌 정류장에서 내렸다.

Kapal dagang itu berlabuh di *pelabuhan* Surabaya.
그 상선은 수라바야 항에 닻을 내렸다.

Ibu membeli *permainan* untuk adik saya.
어머니가 동생의 장난감을 샀다.

Sudah lama dia berkecimpung dalam bidang *perkapalan*.
그가 선박업에 종사한지 오래되었다.

Indonesia merupakan salah sebuah negara *pertanian*.
인도네시아는 농업국 중의 하나이다.

2 양분접사 pe-an은 동작의 과정이나 결과를 나타낸다.

Buku ini *pemberian* nenek saya.
이 책은 우리 할머니가 주신 것이다.

Bulan ini *pengeluaran* uang dari perkumpulan mahasiswa banyak sekali.
이번 달 대학생 모임에서 지출한 액수가 매우 많다.

Dengarlah baik-baik *pengajaran* dari gurumu.
네 선생님의 설명에 귀를 기울여라.

Penemuan itu terjadi sebelum kita merdeka.
그 발견은 우리 독립 이전에 이루어졌다.

Pembebasan tahanan politik harus segera kami lakukan.
정치범 석방은 우리가 즉시 실행해야 한다.

Pengamanan daerah itu memerlukan waktu tiga bulan.
그 지역 평화회복에는 석 달의 시간이 필요하다.

연습문제

I. 다음 문장의 뜻이 통하도록 괄호 안의 단어를 pe-an 혹은 per-an의 형태로 고치시오.

1. Adanya pemilihan umum membuktikan (kembang) politik di Indonesia.

2. (Temu) ini kami adakan untuk membahas hak dan kewajiban anggota klub.

3. Salah satu cara untuk mengurangi penduduk ialah dengan melakukan (batas) kelahiran.

4. Pesta (pisah) itu tergantung pada ada-tidaknya uang kita.

5. (Dengar) Nenek tidak baik.

6. (Didik) anak-anak harus diperbaiki.

7. Kapal dagang itu berlabuh di (labuh) Inchon.

8. Turunkan saya di (henti) bus Pasar Minggu.

9. Orang itu banyak (alam).

10. Kado ini (beri) ayah.

속담 한마디

Belakang parang, bila diasah pasti tajam.

- 칼등도 갈면 날카롭다/우매한 사람도 교육을 통하여 현명해질 수 있다.

문화 사랑방

바딱(Batak)지역의 친족제도

수마트라 북부 또바 호수 근처에 거주하는 말레이 계통의 종족이다. 이들의 이름 앞에 후따(huta, 마을)가 붙는 경우가 많다(예:Hutapea, Hutasoit, Hutagalung 등). 바딱인의 결혼은 남녀를 맺어주는 혼인의 역할로서 뿐만 아니라 까로어로 시뻼뽀깐(sipempokan), 또바어로 빠라낙(paranak)이라고 하는 남자의 가문과 까로어로 시네레(sinerah), 또바어로 빠르보루(parboru)라고 하는 여자의 가문을 연결하여 주는 역할을 한다. 바딱사람들은 남편이 죽고 아이가 없는 여자가 있을 경우 남편의 형제 또는 남편과 가까운 인척이 그녀를 아내로 맞아가는 관습이 있다. 이를 까로어로 라꼬만(lakoman), 또바어로 망비아(mangbia)라고 한다.

Pelajaran

30

교감사적 불변화사

INDONESIA

어휘공부

ujian	시험(ⓜ peperiksaan)
berhasil	성공하다, 결실이 있다
pasti	틀림없이, 꼭
sukar	어려운
puas	흡족한, 만족하는
saya kira	내 생각에는 ~(ⓜ saya rasa~)
mari(lah) kita	함께 ~합시다
semester	학기
terpaksa	어쩔 수 없이 ~하다

텍스트

Siapa sih namanya?

Hadi : Bagaimana ujiannya, Sangwoo? Saudara berhasil, bukan?

Sangwoo : Saya tidak pasti, Pak Hadi. Kami baru akan tahu hasilnya dengan pasti pada hari Senin yang akan datang.

Hadi : Saudara kelihatannya lelah sekali!

Sangwoo : Ujian tadi siang benar-benar sukar.

Hadi : Apakah teman-teman Saudara juga mendapat kesukaran?

Sangwoo : Boleh dikata, kami semua kurang puas dengan jawaban-jawaban kami. Ah, saya kira, tidak ada gunanya lagi berbicara tentang ujian itu.

Hadi : Marilah kita berbicara tentang hal lain, dong. Ke mana Saudara akan pergi akhir minggu ini?

Sangwoo : Di rumah Pak Kim akan ada pesta ulang tahun anak perempuannya. Pak Hadi kenal Pak Kim, bukan? Dia semester yang lalu mengambil kursus bahasa Indonesia, tetapi terpaksa berhenti.

Hadi : Saya kira, saya kenal rupanya. Saya selalu lupa nama orang. Siapa sih nama pelajar tinggi dari Korea Selatan itu?

Sangwoo : Sdr. Kim Young Chung, pemain bola basket kita dahulu?

Hadi : Dia sudah tamat, bukan?

Sangwoo : Ya, sekarang dia bekerja di PT Samsung.

우리말로 옮기기

그 사람 이름이 뭐지요?

하디 : 상우, 오늘 시험 어땠어? 잘 보았지. 그렇잖아?

상우 : 확실치 않아요, 하디 선생님. 우리는 다음 주 월요일에나 그 결과를 확실히 알 수 있어요.

하디 : 너 피곤해 보이는구나!

상우 : 오늘 낮의 시험은 정말 어려웠어요.

하디 : 네 친구들도 어려웠다고 했니?

상우 : 그렇다고 말할 수 있어요. 우리는 우리의 답안에 만족할 수 없어요. 제 생각에는 시험에 관한 이야기는 별 소용이 없겠어요.

하디 : 다른 일에 대하여 이야기 하자. 이번 주말에는 어디에 가니?

상우 : 김 선생님 댁에서 따님 생일파티가 있어요. 하디 선생님께서도 김 선생님 아시지요? 지난 학기에 인도네시아어 수업 듣다가 어쩔 수 없이 그만두신 분 말이예요.

하디 : 내 생각에는 아는 것 같아. 난 항상 다른 사람의 이름을 잊어버린다네. 한국에서 온 키 큰 학생의 이름은 뭐였더라?

상우 : 전에 우리 농구 선수였던 김영충 군 말씀이세요?

하디 : 그 학생은 이미 졸업했지?

상우 : 예, 지금은 삼성에서 근무하고 있습니다.

해 설 | 교감사적 불변화사

교감사란 주로 인도네시아어의 구어체에서 특정 정보나 내용을 전달하거나 인식하려는 것이 아니고 단지 화자의 의도를 구체화하거나 강조하기 위하여 사용하는 단어를 지칭한다. 교감사는 파생어의 어근 구실을 하지 못하기 때문에 교감사적 불변화사라고 한다(말레이어에서는 사용하지 않음).

1 deh

말하는 사람의 의도를 은근히 종용할 때 사용한다. 말레이어의 -lah에 해당한다.

Ambil yang itu aja *deh*! 그것으로 가져가지!

Minta diskon aja *deh*! 할인 좀 해주세요!

2 dong

단어나 문장의 뒤에 위치하여 문장의 의도를 부드럽게 하는 뉘앙스가 있다. 주로 상대방과의 의견이 일치하지 않는 경우임을 나타낸다.

Kalau bukan kamu, siapa *dong* yang harus membiayai adikmu?
네기 아니면 누가 네 동생의 비용을 대겠느냐?

Jangan pergi sekarang, *dong*. 지금 가지 말라니까.

3 kan

부가의문문을 만드는 bukan의 축약 형식이며 화자의 의도를 재차 확인시키기 위함이다.

Kan kamu sudah bertemu dengan dia? 넌 이미 그를 만났잖아?

Saya *kan* sudah bicara tadi? 아까 내가 말했잖아

Anda dari Indonesia, *kan*? 당신은 인도네시아에서 왔죠, 그렇죠?

4 kok

화자의 의도를 강조하거나 이유를 물을 때 사용한다(=mengapa, kenapa).

Bukan aku *kok* yang menyuruh. 내가 지시한 게 아닌데.

Kok dia tidak datang? 그가 왜 안 오지?

5 sih

주로 의문문에서 불확실성이나 망설임을 강조하거나 사실을 표시할 때 사용한다. 그러니까 '도대체'(gerangan)이나 '사실은'(sebenarnya)의 의미로 옮길 수 있다.

Siapa *sih* yang mengambilnya? 그것을 가져간 자가 도대체 누구야?

Bagus *sih* tetapi harganya selangit. 멋은 있는데 가격이 너무 비싸.

6 toh

문장의 의도를 강조하는 기능을 한다. 문맥에 따라서 '하지만'(namun)과 같은 의미를 내포할 수 있다.

Walaupun begitu, Bapak *toh* harus hadir.
비록 그렇지만 선생님께서 참석해야 합니다.

Biarpun tidak kerja, gajinya *toh* dibayar juga.
일은 안 했지만 봉급은 지급되었다.

연습문제

I. 다음 단어를 이용하여 문장을 만드시오.

1. toh
2. dong
3. sih
4. deh
5. kok

속담 한마디

Sumur digali air datang.

- 우물 파면 물이 나온다/열심히 일하면 좋은 결과가 있다.

문화 사랑방

부기스-마까사르의 친족제도

이들은 대개 남부 술라웨시에 살고 있는 종족으로서 부기스족은 불루꿈바, 신자이, 보네, 쇼뼁, 와죠, 삔랑, 루우, 바루, 마로스 지역과 빵까즈넨 군도에 살고 있는 종족으로서 350만명 정도가 된다. 산간 지역에는 주술적 성격을 가진 전통 종교를 신봉하는 이가 있지만 대체로 이슬람을 신봉하고 있다. 이들 종족들은 마을 공동체 집단 내에서 배우자를 찾는 것을 이상적인 혼인 형태로 보고 있다. 사촌 간의 결혼이 허용되나 반드시 따라야 하는 것은 아니다. 실라리앙(silariang)이라는 도주혼이 있는데 이는 남자 집안의 구혼이 거절을 당했거나 여자 집에서 정한 결혼 비용이 과도하게 많을 때 이루어진다.

Pelajaran

31

접두사 ter-의 활용

INDONESIA

어휘공부

Yayasan Pembina Anak Cacat	장애아 발전재단
memperhatikan	관심을 기울이다
mengantar	데려다주다
sabar	참다, 인내하다
menunggu	기다리다 *menunggui ~을 지키다, 보살피다 *menunggukan ~를 기대하다, 오기를 기다리다
menggendong	(아이를)업다
pedagang asongan	소규모 행상
petani	농부 *pertanian 농업
sawah	논
beruntung	운이 좋은 , 행운의
membutuhkan	~을 필요로 하다
mengajarkan	가르치다
mandiri	자립하다, 홀로 서다
cita-cita	이상, 희망

텍스트

Saya belum lama sekolah.

Nama saya Deni. Umur saya delapan tahun. Saya sekolah di Yayasan Pembina Anak Cacat di Jalan Hang Lekiu, Jakarta Selatan. Saya belum lama sekolah. Meskipun jauh dari rumah saya, saya senang belajar di sana. Kata orang, saya pintar. Sekarang saya sudah bisa menulis angka 1 sampai 9. Nanti, saya pasti akan bisa menulis lebih banyak lagi.

Bapak saya selalu memperhatikan saya. Setiap hari bapak mengantar saya ke sekolah. Dengan sabar, ia menunggui saya di luar kelas. Pulangnya, saya juga bersama bapak saya. Dia menggendong saya sampai di Stasiun Jatinegara. Kenapa stasiun? Ya, karena Bapak saya pedagang asongan di sana. Di tempat itu, saya menemani bapak. Sorenya, kami pulang bersama-sama.

Dulu, saya tinggal di desa. Bapak saya petani. Saya senang menemani bapak pergi ke sawah dan menungguinya bekerja. Waktu itu saya belum sekolah. Sekarang pun, kalau saya masih di sana, saya tidak bisa sekolah karena tidak ada sekolah untuk anak seperti saya. Saya masih beruntung bisa bersekolah. Masih banyak lagi anak-anak yang seperti saya. Mereka membutuhkan pendidikan yang dapat mengajarkan mereka untuk mandiri. Dengan begitu mereka bisa punya cita-cita tinggi seperti anak-anak yang lain.(Diolah dari "perjuangan Deni", Kompas, 25 Agustus 2002).

우리말로 옮기기

나는 학교에 다닌 지 얼마 안 됐습니다.

내 이름은 데니이고 나이는 여덟 살입니다. 나는 남부 자카르타 항 르끼우 가에 있는 장애아발전재단 학교에 다닙니다. 나는 학교에 다닌 지 얼마 안 됩니다. 학교가 집에서 멀지만 나는 그곳에서 공부하는 것이 즐겁습니다. 사람들은 내가 똑똑하다고 말합니다. 나는 지금 1에서 9까지의 숫자를 쓸 줄 압니다. 조금 더 지나면 나는 틀림없이 더 많은 글자를 쓸 수 있을 것입니다.

우리 아버지는 항상 나에게 관심을 보입니다. 아버지는 나를 매일 학교에 데려다줍니다. 아버지는 교실 밖에서 나를 묵묵히 지켜봅니다. 집에 돌아갈 때는 나는 아버지와 함께 갑니다. 아버지는 나를 자띠느가라 역까지 업고 갑니다. 왜 역까지 가느냐고요? 그것은 아버지가 거기에서 소규모 행상을 하기 때문입니다. 그곳에서 나는 아버지와 함께 합니다. 저녁 때 우리는 같이 집에 갑니다.

전에 우리는 시골에서 살았습니다. 우리 아버지는 농부입니다. 나는 아버지를 따라 논에 가고 아버지가 일하는 것을 지켜보는 것을 좋아했습니다. 그때 나는 아직 학교에 다니지는 않았습니다. 지금도 만약 내가 시골에 있다면 학교에 다니지 못할 것입니다. 그곳에는 학교가 없기 때문입니다. 내가 학교를 다닐 수 있게 된 것은 행운입니다. 나와 같은 어린이들이 아직도 많습니다. 그들은 자립을 가르칠 수 있는 교육을 필요로 합니다. 그렇게 함으로써 그들은 다른 아이들처럼 높은 이상을 가질 수 있습니다.

해설 | 접두사 ter-의 활용

접두사 ter-가 붙는 동사는 다음과 같은 의미를 가진다.

1 고의가 아닌 행동, 우연한 행동을 나타낸다.

Udin *terjatuh* dari pohon kelapa itu.
우딘은 야자나무에서 떨어졌다.

Saya *terbangun* pukul 6 pagi.
나는 아침 6시에 잠이 깼다.

Saya *tertidur* di kelas karena cape sekali.
나는 너무 피곤해서 수업 중에 잠이 들었다.

Baru-baru ini sebuah kapal *terbakar* di Tanjung Priuk.
최근에 딴중 쁘리욱 항구에서 배 한 척에 화재가 났다.

2 특정한 행동에 기인한 상태를 나타낸다.

Koran siapa yang *terletak* di atas meja?
책상 위에 놓여있는 신문은 누구의 것입니까?

Pemuda-pemudi *terlarang* menari bersama-sama.
젊은 남녀가 함께 춤추는 것이 금지되어 있다.

Surat itu *tertulis* dalam bahasa Melayu.
그 편지는 말레이어로 쓰여 있다.

Kantor-kantor *terbuka* jam 9.00 di Indonesia.
인도네시아에서는 9시에 사무실이 열려있다.

* 수동접두사 di-가 붙는 문장은 특정한 행동 자체에 주안점을 둔다.

Kantor-kantor *dibuka* jam 9.00 di Indonesia.
인도네시아에서는 9시에 사무실 문을 연다.

③ 가능성을 표시한다.

Yang dikatakan dokter tidak terdengar oleh nenek.
의사가 하는 말을 할머니는 들을 수 없었다.

Anak-anak itu tidak terurus oleh mereka.
아이들을 그들이 관리할 수 없었다.

연습문제

I. 다음 내용 중 맞는 문장 앞에 ○표 하시오.

1. ________ Deni merupakan orang cacat.
2. ________ Sekolah Deni terletak di daerah Jatinegara.
3. ________ Deni baru saja masuk sekolah.
4. ________ Deni berasal dari desa.
5. ________ Deni dapat melakukan semua kegiatan secara mandiri.

II. 다음 질문에 답하시오.

1. Jelaskan kegiatan Deni sehari-hari.
2. Bandingkan keadaan Deni dulu dan sekarang.
3. Gambarkanlah keadaan fisik dan sifat Deni.
4. Bagaimana Deni menilai dirinya sendiri?
5. Berdasarkan teks di atas, jelaskan hubungan Deni dan bapaknya!

속담 한마디

Malu bertanya sesat di jalan.

- 물어보기를 부끄러워하면 길을 잃는 법이다/아는 길도 물어서 가라.

문화 사랑방

미낭까바우족과 모계사회

미낭까바우 족은 중서부 수마트라 해안지방의 고원지대에 살고 있으며 언어는 수마트라어이다. 이들은 거친 산속에서 화전을 일구며 기장, 콩, 잡곡 등을 재배하고 있다. 주산업은 방직, 편물이고 성공한 사업가도 많다. 최근에는 커피 코코넛을 수출하고 있다. 미낭카바우 섬에서 중국인이 상업 중개인으로 했던 역할을 대신하고 있다. 부락에서 아름다운 조각이 설치된 집은 집안의 번영을 상징한다. 종교는 힌두교와 이슬람교이지만 토속신앙도 있다. 이들 사회의 특징은 가계의 혈통이 모계로 이어지는 모계사회이다.

Pelajaran

32

접두사 pe-의 의미

INDONESIA

어휘공부

surga	천국, 천당(ⓜ syurga)
melempar	던지다
membatasi	제한하다, 경계를 긋다
tembok	벽
batu	돌
memperkeras	강하게 만들다, 견고하게 하다
lempengan	조각, 파편
menyusun	정리하다, 쌓아 올리다
menyerupai	비슷하게 생기다
noktah	점
pembuangan	축출
warga	주민
melanggar	위반하다
adat	관습
nelayan	어부
relatif	상대적으로
tenang	잔잔한, 조용한
menyelam	잠수하다
memotret	사진 찍다
menyapa	말을 걸다
perkasa	대담한, 용맹한
mayat	시신
telungkup	엎어지다
telentang	눕다

텍스트

Tak Sekadar Pantai dan Matahari di Bali

Sebagai Pulau Surga tidak ada tempat yang tidak menarik di Bali. Salah satunya adalah Kawasan Bali Timur Laut. Perjalanan dapat dilakukan mulai dari desa Bali Aga, Desa Amed, dan berakhir di Dusun Sembiran.

Ketika memasuki Desa Bali Aga, kami serasa dilempar ke masa silam. Perkampungan itu dibatasi tembok batu yang tebal dan tinggi. Cuma ada satu pintu masuk dengan pagar besi. Di dalam kampung jalan diperkeras dengan lempengan batu yang disusun sehingga menyerupai oktah-noktah hitam di atas tanah.

Daerah di kaki Gunung Agung itu terbagi menjadi tiga area yang cuma dibatasi gang: Banjar Kauh (barat), Banjar Tengah (tengah), dan Banjar Pardui (timur). Banjar Pardui adalah tempat pembuangan bagi warga Banjar Kauh dan Tengah yang melanggar adat. Untuk pelanggaran adat yang berat, misalnya warga yang kawin dengan orang luar, dendanya adalah dibuang oleh adat. Mereka harus ke luar dari Bali Aga.

Desa Bali Aga di kaki gunung kita tinggalkan. Sekarang kita memasuki sebuah desa yang berdekatan dengan laut. Desa tersebut adalah Desa Amed. Desa Amed adalah perkampungan nelayan yang berlatar belakang Gunung Agung. Desa tersebut punya banyak pangkalan nelayan tradisional. Pantainya relatif tenang. Kehidupan bawah laut, flora, dan fauna di Amed termasuk indah dan belum terkenal. Kita bisa menyelam dan bersnorkeling sepuasnya. Letaknya juga strategis untuk memotret matahari terbit berlatar belakang Gunung Rinjani di Pulau Lombok. Bila menghadap pantai dan menengok ke kiri, Gunung Agung menyapa dengan perkasa.

Keangkeran sedikit terasa ketika Anda memasuki Dusun Sembiran. Di desa tersebut masyarakatnya mempunyai tradisi membuang mayat di bawah pohon. Mereka percaya, mayat orang suci akan hilang dalam waktu tiga hari, sedangkan mayat orang berdosa tetap di bumi dan akan dimasukkan ke lubang yang biasanya tidak jauh dari pohon itu. Akan tetapi, kepercayaan itu sudah ditinggalkan sejak 1966. Kini mereka mengubur mayat dengan posisi telungkup untuk laki-laki dan telentang untuk perempuan.

Itulah pengalaman yang tidak mudah kami lupakan walaupun baru sebagian tempat yang kami kunjungi di Kawasan Bali Timur Laut. Jika Anda berminat dan mempunyai banyak waktu, banyak tempat yang menanti untuk Anda kunjungi. Ternyata, Bali tak terkenal sebagai objek wisata sekadar pantai dan matahari.(Disadur oleh BIPA UI dari Intisari)

우리말로 옮기기

발리에는 해변과 햇볕만 있는 것이 아니다.

천국의 섬인 발리는 매력적이지 않는 곳이 없습니다. 그중의 하나가 발리의 북동부 지역입 니다. 이 지역 여행은 발리 아가 마을, 아멧 마을에서 시작하여 슴비란 마을에서 끝납니다.

발리 아가 마을에 들어갈 때 우리는 흡사 과거로 던져진 듯한 느낌을 받았습니다. 이 마을은 두껍고 높은 돌담으로 둘러싸여 있었습니다. 출입구는 철재로 된 문 하나가 전부였습니다. 마을의 길은 돌조각을 깔아 견고하게 해놓아서 마치 땅 위에 점이 박힌 것 같았습니다.

아궁산의 산자락 지역은 골목을 경계로 세 구역, 즉 서부, 중부, 동부 구역으로 나눕니다. 동부 구역은 관습을 어긴 서부와 중부 구역 주민을 축출하는 구역입니다. 외부 사람과 혼인을 하는 등의 중한 관습 위반자에 대한 벌은 관습법으로 축출하는 것입니다. 그들은 발리 아가 지역을 떠나야 합니다.

산자락의 발리 아가 마을을 우리는 떠나왔습니다. 우리는 바다와 인접한 한 마을로 들어갔습니다. 마을의 아름은 아멧 마을입니다. 이 마을은 아궁산을 등지고 있는 어촌입니다. 이 마을에는 전통적인 어부들의 기지가 많이 있습니다. 해변은 상대적으로 잔잔합니다. 아멧 마을의 해저 동식물은 아름다우며 외부에 많이 알려져 있지 않습니다. 우리는 잠수와 스노클링을 마음껏 즐길 수 있습니다. 위치도 전략적이어서 롬복섬의 린자니 산을 배경으로 일출 장면을 촬영할 수 있습니다. 해변을 향하여 왼편을 바라보면 아궁산이 위엄있게 말을 걸어옵니다.

여러분들이 슴비란 마을에 들어갈 때 약간은 의시시한 기분이 들 것입니다. 이 마을에는 주민들이 시신을 나무 밑에 풍장하는 풍습이 있습니다. 그들은 사흘 안에 시신이 없어지면 신성하다고 여기며, 죄가 많은 사람의 시신은 계속 땅 위에 남아 있다가 그 나무로부터 멀지 않은 곳의 구덩이로 들어간다고 믿습니다. 그러나 이러한 믿음은 1966년 이래 없어졌습니다. 이제 그들 주민들은 시신을 매장하는데 남자의 시신은 엎드리게, 여자의 시신은 눕혀서 매장합니다.

이것이 발리 북동부 지역 일부를 방문한 우리들이 결코 잊지 못할 경험입니다. 여러분들이 흥미가 있고 시간도 충분하다면 여러분들의 방문을 기다리는 지역이 많습니다. 사실 발리가 해변과 태양으로만 유명한 관광지가 아닙니다.

해설 | 접두사 pe-의 의미

명사, 형용사, 동사의 어근에 접두 되며 접두사 me-와 같은 비음화 과정을 가진다. 그 의미는 다음과 같이 분류할 수 있다.

1 어근의 의미를 갖는 동작을 행하는 사람을 나타낸다.

Surat kabar itu banyak *pembacanya*. 그 신문은 독자가 많습니다.

Siapa *penulis* buku itu? 그 책을 쓴 사람은 누구입니까?

Bapak Suparman *pemain* tenis yang baik.
수빠르만 씨는 훌륭한 테니스 선수입니다.

Pelayan di restoran itu cekatan sekali.
그 식당의 종업원은 민첩합니다.

2 어근이 표시하는 행동을 습관적으로 하는 사람 혹은 그러한 특징을 가진 사람을 나타낸다.

Pak Kim *peminum*. Sejak tadi pagi dia banyak minum bir.
김 선생은 술꾼입니다. 오늘 아침부터 맥주를 많이 마셨습니다.

Ibu saya *pelupa*. Dia lupa lagi nama teman saya.
나의 어머니는 잘 잊어버립니다. 내 친구 이름을 또 잊었습니다.

Ratna *penangis*. Bila bertengkar dengan adiknya dia sering menangis.
라트나는 울보입니다. 동생과 싸울 때 항상 웁니다.

3 어근과 관련된 도구를 표시한다.

Saya membeli *pembersih* itu dengan harga mahal.
나는 그 청소기를 비싸게 샀다.

Ayah saya pergi ke sawah dengan *penggali*.
아버지는 가래를 들고 논에 가셨다.

연습문제

I. 다음 질문에 답하시오.

1. Bagaimana perasaan kami ketika pertama kali sampai di Desa Bali Aga? Mengapa?

2. Mengapa kami terkejut ketika berada di desa Bali Aga?

3. Apa hukuman yang diberikan kepada orang yang menikah dengan orang luar?

4. Apa saja yang dapat Anda lakukan di Desa Amed?

5. Apa keunikan Dusun Sembiran?

6. Apa maksud judul "Bali Tak Sekadar Pantai dan Matahari"?

속담 한마디

Jauh di mata di hati jangan.

- 눈은 멀어도 마음은 가까이/멀리 떨어져 있어도 서로 잊지 말자

문화 사랑방

아쩨(Aceh)족과 이슬람

수마트라 북부 해안지대에 살고 있으며 언어는 수마트라어이다. 고립된 집단으로 나뉘어 지내다가 1873년 네덜란드인과 전쟁 중에 하나의 집단으로 합해져 인위적인 민족통일이 이루어졌다. 현재의 주민은 말라카섬 사람, 자바인 등의 혼혈이다. 주요 산물은 벼이지만 열대과일을 재배하고 있다. 손재주가 좋은 기술자와 상인도 많다. 아체인은 샤만도 있지만 이슬람교의 계율과 관습을 엄격히 따른다. 일 년에 한 번씩 메카 순례를 하는 사람도 많다. 대 네덜란드 무역을 독점했던 17세기 이슬람 술탄 시대가 황금기였다.

Pelajaran

33

접미사 -an의 용법

INDONESIA

어휘공부

mengunjungi	~을 방문하다
hawa	날씨
sengatan matahari	뙤약볕
lembap	습기 찬, 축축한
padat	꽉 들어찬, 빼곡한, 치밀한
dibandingkan dengan	~과 비교하여
syarat	조건
menghubungkan	연결하다
meninggali	~에 살다
pahlawan	영웅
memperjuangkan	~을 위하여 투쟁하다

텍스트

Jakarta, Kota yang Modern

Bagi orang asing yang baru pertama kali mengunjungi Jakarta, kesan pertama adalah bahwa dia tidak akan dapat tinggal lama di kota ini. Hawanya panas karena sengatan matahari dan lembap, orangnya ramai, dan lalu lintasnya memusingkan kepala.

Memang Jakarta adalah salah satu kota yang paling padat di Asia. Jumlah penduduk Jakarta sekarang dua belas jutaan jiwa, sedang luas daerah Jakarta hanya 740 kilometer persegi. Sebelum Perang Dunia Kedua, yaitu awal tahun 1940-an, penduduk Jakarta sekitar enam ratus ribuan orang. Jadi, dalam waktu tujuh puluh lima tahun penduduknya bertambah dua puluh kali lipat.

Sebagian besar penduduk Jakarta tinggal di daerah yang padat penduduknya. Ada juga satu rumah yang ditinggali oleh dua keluarga. Keadaan ini disebabkan oleh mahalnya sewa rumah dan jumlah rumah sewa yang relatif sedikit dibandingkan dengan jumlah penduduk. Karena hubungan lalu lintas masih sukar, orang-orang tidak suka tinggal di rumah-rumah yang jauh dari tempat mereka bekerja. Akibatnya kampung-kampung di dekat pusat kota penduduknya selalu bertambah.

Untuk menambah jumlah rumah, daerah-daerah baru sudah dibuka untuk perumahan. Di daerah-daerah ini didirikan rumah-rumah yang modern dan memenuhi syarat-syarat kesehatan. Jalan-jalannya bersih, rumah-rumah mempunyai halaman dan di tempat-tempat yang tertentu dibangun mal besar, pasar, atau toko-toko. Daerah-daerah baru ini agak jauh dari pusat kota, tetapi ada bus yang menghubungkan daerah-daerah ini dengan kota. Sayang sekali hanya sebagian kecil dari penduduk Jakarta yang mampu meninggali rumah-rumah di daerah-daerah ini. Biasanya hanya pegawai negeri, pengusaha yang kaya dan orang asing yang mampu tinggal di hunian semacam ini.

Banyak gedung modern sudah didirikan di sepanjang Jalan Jenderal Sudirman dan Jalan M.H. Thamrin. Jalan Jenderal Sudirman bersambung dengan Jalan M.H. Thamrin kira-kira pada pertengahan antara Kebayoran Baru dan Jakarta Kota. Jalan ini diberi nama Jalan M. H. Thamrin, menurut nama Mohamad Husni Thamrin, seorang pahlawan nasional kelahiran di Jakarta. Thamrin ikut memperjuangkan kemerdekaan

Indonesia dalam politik. Jalan-jalan ini merupakan pusat kehidupan modern di Jakarta. Di sini terdapat banyak kedutaan asing, hotel mewah, kantor dagang, dan gedung pemerintah. Di bundaran Hotel Indonesia ada kolam yang bundar, dan di tengah-tengah kolam didirikan patung yang tinggi. Patung ini terkenal dengan nama "Patung Selamat Datang", menggambarkan seorang pemuda dan pemudi mengucapkan selamat datang kepada pengunjung kota Jakarta. (Dikutip dari Learn Indonesian III)

우리말로 옮기기

현대적인 도시, 자카르타

처음으로 자카르타를 방문하는 외국인들의 이 도시에 대한 첫인상은 여기에 오래 살 수 없을 것이라는 점이다. 작열하는 태양과 습기로 인하여 날씨는 후텁지근하고, 사람들은 붐비며, 교통상황은 머리를 어지럽게 만든다.

자카르타는 물론 아시아에서 가장 붐비는 도시 중의 하나이다. 자카르타의 인구는 천이백만 정도인데 면적은 740 평방 킬로미터이다. 제2차세계대전 이전, 그러니까 1940년대 초에는 자카르타의 인구가 60만 명 정도였다. 따라서 지난 35년 동안 인구가 20배 정도 늘어난 것이다.

대부분의 자카르타 주민들은 인구밀도가 높은 곳에 거주한다. 한 집에 두 가족이 사는 경우도 있다. 이러한 상황이 발생하는 것은 집세가 높고 인구에 비하여 주택 수효가 적기 때문이다. 그리고 교통이 혼잡하기 때문에 사람들은 직장에서 먼 곳에 살기를 꺼려한다. 그 결과 도심의 인구가 항상 증가한다.

주택을 늘리기 위하여 새로운 지역이 택지로 개발되었다. 이러한 지역들은 현대적이고 위생 조건을 충족하는 주택들이 건설되었다. 도로는 청결하고, 집에는 마당이 있으며, 특정 지역에 백화점, 시장, 그리고 가게들이 들어섰다. 이러한 지역들은 도심에서 다소 멀기는 하지만 이러한 지역을 연결해주는 버스가 있다. 매우 안타까운 것은 이러한 지역의 주택에 살 수 있는 사람이 제한적이라는 점이다. 일반적으로 공무원, 부유한 기업인, 그리고 외국인들이 이러한 주택에 살 수 있다.

수디르만길과 땀린길을 따라서 현대적인 건물들이 많이 들어섰다. 꺼바요란 바루 지역과 자카르타 꼬따 지역 사이에 수디르만 길과 땀린 길이 연결되어 있다. 땀린 길은 자카르타 출신의 국가 영웅인 모하맏 후스니 땀린의 이름을 따라서 명명되었다. 땀린은 정치 분야에서 인도네시아의 독립을 위하여 투쟁한 인물이다. 이 길들은 자카르타의 현대적인 삶의 중심지이다. 여기에는 외국 공관, 고급 호텔, 무역회사, 그리고 정부 기관들이 자리 잡고 있다. 호텔 인도네시아 교차로에는 둥근 연못이 있고, 그 연못 가운데에는 높은 동상이 있다. 이 동상은 "슬라 맛 다땅 동상"으로 유명하며, 젊은 남녀가 자카르타를 방문하는 사람들에게 환영 인사를 하는 것을 그린 것이다.

해 설 | 접미사 -an의 용법

접미사 -an은 어근 뒤에 결합하며 다음의 의미를 가진다.

1 어근이 갖는 동작에 대한 결과를 나타낸다.

Indonesia merupakan bekas *jajahan* Belanda.
인도네시아는 네덜란드의 식민지였다.

Keluarga Berencana adalah *pilihan* kebijakan pihak pemerintah Indonesia.
가족 계획은 인도네시아 정부 측이 선택한 정책이다.

Bintang film itu *pujaan* saya.
그 영화배우는 나의 우상이다.

2 어근이 갖는 동작의 목적물을 나타낸다.

Makanan Padang pedas sekali.
빠당 음식은 매우 맵다.

Dia membeli *pakaian* baru di Plaza Senayan.
그는 플라자 스나얀에서 새 옷을 샀다.

3 어근이 형용사일 때 어근의 성격을 나타낸다.

Bogor terkenal dengan *asinan*.
보고르는 야채 절임으로 유명하다.

Saya tidak suka *manisan*.
나는 단 것을 좋아하지 않는다

4 어근이 갖는 의미와 관련된 도구를 나타낸다.

Harimau itu dimasukkan ke dalam *kurungan*.
그 호랑이를 우리 안으로 집어넣었다.

Ibu memakai *tapisan* air minum untuk mendapat air bersih.
어머니는 깨끗한 물을 얻기 위하여 여과기를 사용한다.

5 어근과 관련된 장소를 의미한다.

Pramoedya Ananta Toer dimakamkan di *kuburan* umum, yaitu Tempat Pemakaman Umum Karet Bivak.
쁘라무디아 아난따 뚜르는 까렛 비박 공동묘지에 묻혔다.

Mereka bermain sepak bola di *lapangan* sekolah.
그들은 학교 운동장에서 축구를 한다.

6 규칙적으로 이루어지는 단위의 결과물을 표시한다.

Koran Kompas adalah *harian* yang berwibawa di Indonesia.
꼼빠스 지는 인도네시아의 유력 일간지이다.

Ceritanya termuat dalam *mingguan* Tempo.
그 이야기가 주간지 뗌뽀에 실렸다.

7 어근이 나타내는 숫자와 비슷한 정도를 나타낸다.

Saya mau beli sepatu yang harganya seratus *ribuan* rupiah.
나는 10만 루피아 대 신발을 사려고 한다.

Bintang film itu terkenal pada tahun *1990-an*.
그 영화배우는 1990년 대에 유명했다.

연습문제

I. 다음 질문에 답하시오.

1. Bagaimanakah cuaca di Jakarta?

2. Berapa jumlah penduduk Jakarta?

3. Mengapa mahal sewa rumah di Jakarta?

4. Siapakah Muhamad Husni Thamrin?

5. Patung Selamat Datang menggambarkan apa?

II. Tulislah dalam 200-300 kata sebuah karangan tentang Jakarta.

속담 한마디

Gajah seekor, dua gembala.

- 코끼리 한 마리에 주인은 둘/사공이 많으면 배가 산으로 올라간다.

문화 사랑방

발리인의 친족제도

발리인은 결혼을 인생에서 매우 중요한 것으로 여긴다. 결혼을 한 후에야 사회집단의 완전한 구성원으로 인정받으며 친족집단의 일원으로 권리와 의무를 행사할 수 있기 때문이다. 씨족제도와 카스트의 영향으로 혼인은 가능한 한 씨족의 구성원이거나 최소한 카스트의 동일한 계급 사이에서 이루어지는 것이 원칙이다. 그러므로 발리의 전통결혼은 씨족내혼의 특성을 가진다. 이 지역의 보수주의자들이 생각하는 바람직한 혼인은 사촌 간의 혼인이다. 이들은 씨족 내의 결혼을 유지함으로써 카스트의 타 계급과의 결혼으로 발생되는 대립이나 가족의 불명예를 예방할 수 있다고 생각한다.

Pelajaran

34

접두사 se-의 의미

INDONESIA

어휘공부

batik	바띡, 나염
kebaya	끄바야(인도네시아 여성 전통의상)
pesta	파티, 잔치
malam	밀랍(=lilin)
pabrik	공장(ⓜ kilang)
minyak tanah	석유
kulit	껍질, 피부
tumbuh-tumbuhan	식물
warna	색, 색상
pola-pola	문양, 무늬
alat	도구, 기구
zat warna	색소
makan waktu	시간이 걸리다
wisatawan	관광객(=turis, pelancong)

텍스트

Batik

Kain batik dan kebaya adalah pakaian yang sering dipakai oleh wanita Indonesia. Di kota-kota besar banyak wanita memakai pakaian Barat untuk pakaian sehari-hari. Tetapi kain dan kebaya selalu dipakainya untuk pestapesta atau pada pertemuan yang penting.

Kain putih untuk batik sebagian kecil dibuat di Indonesia, yang lain diimpor dari luar negeri. Untuk membuat batik dipakai juga malam. Malam ini dibuat di pabrik minyak tanah. Sejenis kulit kayu dan tumbuh-tumbuhan dipakai untuk memberi warna pada kain batik.

Pola-pola batik digambar pada kain yang berwarna putih. Pola-pola itu biasanya berupa bunga-bunga, tumbuh-tumbuhan, binatang atau garis-garis. Sesudah itu, pola-pola itu ditutup dengan malam. Malam ini harus dipanaskan supaya mudah dilukiskan pada kain. Kain putih dilukis dengan malam panas itu. Untuk melukisnya dipakai sebuah alat yang namanya canting. Sesudah dibatik, kain itu dimasukkan ke dalam zat warna untuk diberi warna.

Untuk membuat sehelai kain batik yang bagus kadang-kadang makan waktu dua atau tiga minggu. Pekerjaan ini dikerjakan oleh orang laki-laki dan perempuan. Membatik biasanya pekerjaan orang perempuan, tetapi yang lain dikerjakan oleh orang laki-laki.

Kota-kota yang terkenal karena kain batiknya, misalnya Yogyakarta, Surakarta, dan Pekalongan selalu dikunjungi wisatawan-wisatawan yang mau membeli batik yang bagus dengan harga yang murah. (Dari Learn Indonesian II)

우리말로 옮기기

바띡

바띡 천과 끄바야는 인도네시아 여성들이 즐겨 입는 옷입니다. 대도시에서는 많은 여성들이 일상복으로 서양식의 옷을 입습니다. 하지만 파티나 중요한 모임에는 바띡 천이나 끄바야를 입고 갑니다.

바띡을 만들 흰 천은 일부는 인도네시아 국내에서 만들고 나머지는 외국에서 수입합니다. 바띡을 만들기 위해서는 밀랍을 사용합니다. 밀랍은 석유 공장에서 만듭니다. 나무와 식물의 껍질은 바띡 천에 색을 입히는데 사용됩니다.

흰 천에 바띡의 문양을 그립니다. 이러한 문양은 대개 꽃, 식물, 동물, 혹은 선입니다. 그다음에 이러한 문양에 밀랍을 입힙니다. 이 밀랍은 천에 잘 먹히도록 덥혀야 합니다. 흰 천에 더운 밀랍으로 그림을 그립니다. 그림을 그릴 때는 짠띵이라는 도구를 사용합니다. 바띡 문양을 그린 다음에 그 천을 염색하기 위하여 색소 안에 넣습니다.

양질의 바띡 천 하나를 만들기 위하여 2~3주가 걸립니다. 남성이나 여성들이 이 작업을 합니다. 바띡을 그리는 일은 여성들이 하고 그 나머지 일은 남성들이 합니다.

바띡으로 유명한 욕갸까르따, 수라까르따, 그리고 빼깔롱안 같은 도시는 싼 가격으로 좋은 바띡을 사려는 관광객들로 붐빕니다.

해 설 | 접두사 se-의 의미

지금까지 접두사 se-가 붙는 어휘들이 수차례 나왔는데 이를 정리해보기로 한다.

1 가장 대표적인 의미로 <하나>의 의미가 있다.

Nuri makan *sepiring* bakmi goreng.
누리는 볶음국수 한 접시를 먹었다.

Tadi pagi saya minum *segelas* susu.
오늘 아침에 나는 우유 한 잔을 마셨다.

2 불확실한 <어떤>의 의미가 있다.

Seseorang memberi telepon tadi.
어떤 한 사람이 아까 전화를 걸어왔다.

Saya kehilangan *sesuatu* di dalam bus.
나는 버스에서 무엇인가를 잃어버렸다.

3 명사가 어근인 단어에 접두되어 <같은>의 의미로 사용된다.

Ratna *sesekolah* dengan Rustam.
라트나는 루스땀과 같은 학교에 다닌다.

Hasan *sekamar* dengan Ahmat.
하산과 아흐맛과 방을 같이 쓴다.

4 형용사가 어근인 단어에 접두되어 <~과 같은 규모나 크기의>의 의미를 갖는다.

Gadis itu *secantik* bidadari.
그 소녀는 선녀처럼 예쁘다.

Ombak itu *setinggi* gunung.
그 파도가 산과 같이 높다.

5 동사가 어근인 단어에 접두되어 <~한 연후에>, <~하자마자>의 의미를 갖는다.

Sepulangnya dari luar negeri, dia jatuh sakit.
외국에서 귀국하자마자 그는 몸져누웠다.

Setibanya di Kuala Lumpur, dia langsung bertemu dengan temannya.
쿠알라룸푸르에 도착하자마자 그는 친구를 만났다.

6 <지난>의 의미로 사용된다.

Dodi kecurian *semalam*.
도디는 엊저녁에 도둑을 맞았다.
*말레이어에서 semalam은 <어제>의 의미로 사용된다.

7 <~만큼>, <~하는 한>의 의미를 갖는다.

Makan saja *semau* Anda.
당신이 원하는 만큼 드시오.

Setahu saya, dia belum menikah.
내가 아는 한 그는 아직 미혼이다.

연습문제

I. 다음 질문에 답하시오.

1. Apa yang dipakai oleh wanita Indonesia kalau mereka pergi ke pesta?

2. Dari mana kain putih untuk batik dibeli?

3. Bahan apa dipakai untuk memberi warna pada kain batik?

4. Pola-pola batik berupa apa?

5. Pola-pola batik dilukis dengan apa?

6. Bagian batik yang mana ditutup dengan malam?

7. Untuk membuat kain batik yang bagus diperlukan berapa lama?

8. Di kota-kota mana batik dibuat?

속담 한마디

Seorang ke hilir, seorang ke mudik.

- 한 사람은 하류로 한 사람은 상류로/부부 혹은 친구 간에 마음이 맞지 않는다.

문화 사랑방

법과 문화

인도네시아의 법률은 국가법, 종교법, 관습법으로 구분된다. 국가법은 화란 식민통치 시대의 법률을 상당 부분 그대로 수용하여 현재까지도 사용하고 있다. 이 국가법은 혼인, 이혼, 상속, 토지 소유 등 특정 분야에서 종교법과 관습법을 공히 인정하고 국가법을 이에 위임하거나 일치시키고 있다. 종교법이 가장 강력하게 작용되는 부분은 혼인관계에서이다. 혼인은 국가법과 종교법 등, 두 법률에 의해서 법적 효력을 갖게 된다. 비무슬림에게는 국가법만 적용되지만 무슬림에게는 국가법과 종교법이 공히 적용된다.

Pelajaran

35

감탄사

INDONESIA

어휘공부

angkutan	운송, 수송
umum	대중
perilaku	행위, 행동
awak	승무원
penumpang	승객
heran	당황스러운(ⓜ hairan)
menyetop	세우다, 멈추게 하다
mengantar	데려다주다
putus asa	실망한, 낙담한
kendaraan	차량, 탈것
melambai	손을 흔들다
isyarat	신호
beranjak	움직이다
kondektur	차장(ⓜ konduktor)
menghibur	즐겁게 해주다
berbuka puasa	금식을 풀다

텍스트

Tangan kiri tabu!

Ternyata, tata cara naik angkutan umum berbeda antara satu daerah dan daerah lain di Indonesia. Demikian pula perilaku awak dan penumpangnya.

Di Kota Padang, Sumatra Barat, pernah hampir dua jam saya tidak berhasil menghentikan angkutan kota alias angkot. Saya sempat heran, kenapa angkot yang masih kosong tidak mau berhenti ketika saya menyetopnya? Saat hampir putus asa, muncul teman yang mau mengantar saya sampai tujuan dengan kendaraannya. Dari dialah saya baru tahu, angkot di sana tidak mau disetop dengan tangan kiri. Pantas mereka lewat saja karena saya memang melambai dengan tangan kiri, sementara tangan kanan saya memegang tas.

Keunikan lain, penumpang yang akan turun memberi isyarat dengan mengatakan, "Siko ciek, Da"yang artinya kira-kira, "Sini satu, Bang". Meskipun ciek berarti satu, penumpang yang turun biasanya lebih dari satu. Ada kebiasaan baik pada para penumpang di sana, yakni baru berdiri dan beranjak setelah bus benar-benar berhenti. Selain itu, kondekturnya pun biasa menghibur para penumpangnya dengan musik.

Masih ada kebiasaan lain pada bulan Ramadan. Menjelang magrib di bulan puasa, semua bus akan berhenti, tidak terkecuali satu bus pun. Ini dialami teman saya saat hendak ke Solok dari Padang yang hanya berjarak 62 km. Karena ingin cepat, ia ganti bus, sebab bus yang ditumpanginya berhenti di rumah makan untuk berbuka puasa. Pikirnya, bus lain tidak akan mampir. Bus yang baru dinaikinya juga berhenti di rumah makan berikut yang cuma berjarak 100 meter dari rumah makan tempat bus pertama berhenti. (Disadur oleh BIPA UI dari Intisari)

우리말로 옮기기

왼손은 금기

사실 인도네시아의 여러 지방에서 대중교통을 이용하는 방법은 각각 다릅니다. 승무원과 승객의 행동 방식도 역시 다릅니다.

서부 수마트라의 빠당 시에서 나는 두 시간 동안 시내버스를 세우지 못했습니다. 내가 버스를 세우려고 했지만 그 빈 버스들이 왜 멈추지 않았는지 나는 당황스러웠습니다. 내가 거의 낙담했을 때 자기 차로 나를 데려다주려는 친구나 나타났습니다. 그 친구로부터 나는 그 곳의 버스들이 왼손을 들면 세워주지 않는다는 사실을 알 수 있었습니다. 내가 오른손으로는 가방을 들고 왼손으로 차를 세웠기 때문에 나를 지나친 것은 당연했습니다.

다른 특이한 점은 하차할 승객은 "여기 하나, 아저씨"라는 의미의 "시꼬 찌엑, 다"라고 하면서 신호를 준다는 점입니다. '찌엑'이라는 말이 비록 '하나'라는 뜻이지만 내리는 손님은 대개 한 명 이상입니다. 그 곳 승객들의 좋은 습관 하나는 버스가 완전히 멈춘 후 일어서거나 움직인다는 점입니다. 그 이외에도 차장이 음악을 연주하여 승객들을 즐겁게 해 준다는 점입니다.

그 곳 버스 승무원에게는 좋은 점이 하나 있습니다. 금식월의 마그립에는 모든 버스들이 예외 없이 멈춘다는 점입니다. 이것은 빠당에서 62킬로미터 떨어진 솔록까지 가는 내 친구가 겪은 일입니다. 빨리 가기를 바란 그는, 그가 탄 버스가 금식을 풀기 위하여 식당 앞에 멈추자 버스를 갈아탔습니다. 그의 생각으로는 갈아탄 다른 버스는 멈추지 않을 것으로 생각했습니다. 그가 몰랐던 것은 새로 바꾸어 탄 버스 역시 첫 번째 버스가 멈춘 식당으로부터 100미터 떨어진 그다음의 식당에서 역시 멈추었습니다.

해 설 | 감탄사

인도네시아어에는 다음과 같은 감탄사가 있다.

1 alangkah, bukan main, bukan kepalang, bukan buatan 등의 감탄사와 접미사 -nya가 함께 와서 <감탄>, <놀라움>을 표시한다.

Alangkah bagusnya pemandangan itu!
이 얼마나 아름다운 경치인가!

Bukan main gembiranya Dodi!
도디는 얼마나 기뻤던가!

Bukan kepalang cantiknya wanita itu!
저 얼마나 아름다운 여인인가!

Bukan buatan enaknya makanan ini!
이 얼마나 맛있는 음식인가!

2 이 이외에도 <고통>, <불만>, <증오>, <감사> 등을 표시하는 감탄사가 있다.

Aduh, kasihan deh! 아, 안됐군!

Cih, dasar pencuri, di mana pun tetap juga mencuri!
첫, 어디에서나 도둑질이나 하는 도둑 같으니라고!

Syukurlah, anak saya sudah sembuh!
고맙게도 내 아이가 다 나았어요!

해 설 | 중화 말레이어

저급 말레이어의 위치는 식민통치 정부에서 권장하던 고급 말레이어(Bahsa Melayu Tingggi, Bahasa Melayu Riau, Bahasa Melayu Ophuijsen)와 시장 말레이어(Bahasa Melayu Pasar)의 중간적인 위치를 점했던 것으로 보인다. 저급 말레이어는 1920년경에는 인도네시아 토착인의 말레이어에 대하는 용어로서 <중화 말레이어> (Bahasa Melayu Tinghoa)라고도 불리웠다. 한편 살몽(Claudine Salmon)은 1920년대 중반 이전에 자바의 토착인들이 사용한 말레이어와 중화 말레이어 사이에 구별이 없었으나 1920년대 중반 인도네시아 공산당(PKI)의 반란이 있은 후에 중국계 혼혈인들의 말레이어를<중화 말레이어>(Bahasa Melayu Tinghoa)라고 불렀다고 하였으며 하리무르띠(Harimurti Kridalaksana)도 같은 견해를 피력한 바 있다. 중화 말레이어는 중국어 차용어, 철자법 등에서 변별적인 특징을 가졌는데, 이 중화 말레이어와 현재의 표준 인도네시아어와의 차이를 살펴보면 다음과 같다.

1. 우선 철자법에서 이중모음 <ai>와 <au>는 각각 단모음 <e>와 <oe>또는 <o>로 표기하였다.

pakai - pake 사용하다	ramai - rame 붐비는
gadai - gade 저당	kalau - kaloe 만약
danau - danoe 호수	pulau - poelo 섬

2. 모음<a>와 모음<i>의 연속체는 각각 모음<a>와 <e>의 연속체로 표기하였다.

baik - baek 좋은
main - maen 놀다
naik - naek 올라가다

③ 2음절에서 모음<a>가 뒤에 위치하는 경우 중화 말레이어에서는 모음 <e>로 표기하였다.

dalam - dalem 내부
harap - harep 바라다
sedang - sedeng 중간의

④ 접미사 <-kan>은 <-ken>으로 표기하였다.

ambilkan - ambilken 가져오다
lupakan - lupaken 잊다
putuskan - poetoesken 결정하다

⑤ 단어의 처음과 끝에 오는 자음 <h>는 거의 생략되었다.

habis - abis 마치다
hutang - oetang 빚
bersih - bersi 깨끗한

⑥ 3음절에서 첫음절에 모음 <e>가 위치하는 경우 이를 무시하고 2음절화하였다.

belajar - bladjar 공부하다
berapa - brapa 몇
senapan - snapan 총

7 문법적으로 지시형용사가 명사의 앞에 위치하였으며 소유격의 경우 <소유>의 뜻을 가진 단어<poenja>를 인칭대명사와 명사 사이에 넣어 사용하였다.

anak ini - ini anak 이 아이

buku itu - itu boekoe 그 책

adik saya - saya poenja adik 내 동생

matamu - kamoe punja mata 너의 눈

9 우연히 일어나는 상태나 행동을 표시할 때 사용되는 접두사<ter->대신에 <ka->를 사용하였다.

terpukul - kapoekoel 충격받은

tertolak - katolak 거절당한

terdesak - kadesak 재촉받는

9 접미사 <-i>대신 <-in>으로 표기하였다.

meracuni - meratjoenin 독살하다

melintasi - melintasin 통과하다

mendekati - mendekatin 접근하다

10 비교급에서 <lebih>를 쓰는 대신 접미사 <-an>을 형용사 뒤에 붙여 썼다.

lebih besar - besaran 더 큰

lebih banyak - banjakan 더 많은

lebih kecil - ketjilan 더 작은

연습문제

I. 다음 질문에 답하시오.

1. Jelaskan maksud kalimat Pantas mereka lewat saja karena saya memang melambai dengan tangan kiri, sementara tangan kanan saya memegang tas!

2. Jelaskan apa saja hal yang dianggap baik di Kota Padang.

3. Mengapa penumpang yang akan turun memberi isyarat dengan mengatakan, Siko ciek, Da dianggap unik?

4. Mengapa pada bagian akhir teks di atas dituliskan terkecohlah dia? Jelaskan!

5. Apa maksud judul teks di atas? Jelaskanlah.

속담 한마디

Masak di luar, mentah di dalam.

- 밖은 익었는데 안은 날 것이다/빛 좋은 개살구

문화 사랑방

인도네시아 건국이념(建國理念)

인도네시아의 건국이념은 빤짜실라(PANCASILA)에 기초를 두고 있으며, 1945년 6월 22일 인도네시아 독립위원회에서 선포한 자카르타 헌장에 국가의 기본이념으로 채택 후 독립 다음 날인 1945년 8월 18일에 공포된 인도네시아 헌법 전문에 수록되어 현재에 이르고 있으며, 이는 국민 철학인 동시에 인도네시아적인 다양성의 사회에서 국가와 국민적 통일을 위해서 생성되고 발전한 인도네시아 고유의 생활철학이며 국가관으로 정착되어 온 바, 그 주요 골자는 다음과 같다.

1) 전지전능한 유일신에 대한 신앙심
2) 정의롭고 예절바른 인간성
3) 통일된 인도네시아
4) 대중 합의와 대의제도를 통한 지혜로운 정책에 의해서 인도되는 민주주의
5) 모든 인도네시아인을 위한 사회정의